奇蹟原則 *50*

THE
FIFTY MIRACLE PRINCIPLES
OF
A COURSE IN MIRACLES

肯尼斯・霍布尼克博士（Kenneth Wapnick, Ph. D.）◎著

王敬偉　若水◎合譯

《奇蹟課程》國際通用章節代碼

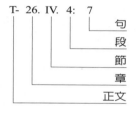

T- 26. IV. 4: 7
- 句
- 段
- 節
- 章
- 正文

W- PII. 240. 1: 5
- 句
- 段
- 課
- （有時省略）部
- 學員練習手冊

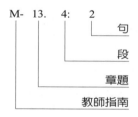

M- 13. 4: 2
- 句
- 段
- 章題
- 教師指南

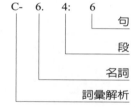

C- 6. 4: 6
- 句
- 段
- 名詞
- 詞彙解析

T → 正文
W → 學員練習手冊
M → 教師指南
C → 詞彙解析
P → 心理治療——目的、過程與行業
S → 頌禱——祈禱、寬恕與療癒

寫在「肯恩實修系列」之前

若水

（一）

《奇蹟課程》的筆錄者海倫與此書的愛恨情結，已是眾所周知的事。因她深曉這套訊息的終極要旨，也明白自己一旦接納了這一思想體系，她的小我，連帶積怨已深的怒氣，就再也沒有存活的餘地了。因此《奇蹟課程》出現一個很怪異的現象，它的筆錄者千方百計想與它劃清界線，直到肯恩（肯尼斯）的出現，才把海倫又拉回《奇蹟課程》的身邊。

肯恩是海倫與比爾的密友，由於互動頻繁，比爾乾脆在辦公室為肯恩添置一張辦公桌，可見他們交往之密。

肯恩一接觸《奇蹟課程》，如獲至寶，他反覆地研讀，凡遇不明處，必一一請教海倫。他深覺這份龐大的資料，有重新編校的必要，因它不僅夾雜著私人的

對話，許多章節標題與內文也不相符，全書的體例和格式，如標點、大小寫、段落等等，乃至於專門術語的用詞，每每前後不一。比爾與海倫也深有此感，只是比爾生性不喜校訂工作的繁瑣，這工程便落在海倫與肯恩身上。主事者自然是海倫，即使是大小寫的選擇，或詞句的還原（海倫筆錄的初期曾故意改掉她不喜歡的詞彙，但她也很清楚自己擅自改動的部分），都有待海倫與「那聲音」確認後才能定案。

（二）

比爾曾說，海倫筆錄時的心態有顯著的「解離症狀」（dissociation），她內心的「正念」部分十分清楚「那聲音」所傳授的訊息，筆錄內容才會如此純正，不夾雜個人的好惡傾向（當然，除了她早期的抵制手法以外），但她的「妄念」部分也堅守防線，且以各種奇怪的方式，不允許自己學習這套《課程》。肯恩在海倫的傳記中提到當時的有趣情景：

> 我們常常窩在她家客廳的沙發上進行校訂，海
> 倫總有辦法陷入昏睡，每當討論到一半時，我

向左邊一瞧，海倫已經倒在沙發的另一角了，她一向警覺的大眼睛閉得緊緊的。在她陷入昏睡前，她還會哈欠連連，下頜骨開開合合，頻繁到讓她說不出話來。又有好幾次校訂時，她開始咳嗽，咳得又兇又急，喉嚨好似有什麼異物，想吐卻吐不出來。碰到這類情形，海倫就會放聲大笑，笑得眼淚都流出來，她很清楚這是小我的抗拒。我們就在哭哭笑笑、咳嗽哈欠的交響樂中繼續修訂的工作。（暫別永福／暫譯 P.361）

海倫的心靈，在某一層次，當然了解那聲音所傳的訊息，但她的小我真的不想知道。她偶爾會這樣向肯恩要賴：

在校訂過程中，每隔一陣子，海倫就會故意裝傻。當我們唸完一段比較艱深的文句後，海倫就會大笑，聲稱她完全不懂這一段話究竟在講什麼。我只好一句一句地解釋，我突然發覺自己落入一種相當荒謬的處境：我竟然在向一位心裡其實比任何人都清楚這部《課程》的

人解釋此書的深意。**而我講解《奇蹟課程》的生涯，可說是從這一刻開始的。**（暫別永福 P.361）

自這一刻起，肯恩開始了他講授《奇蹟課程》的生涯，四十年如一日，同一形式，同一內涵，同一個小小基金會，從無擴張之圖，更無意行腳天下，他只是默默地履行他對耶穌的許諾。

由於早期的奇蹟學員多數都有自己的專業或信仰，他們往往習慣把《奇蹟課程》融入個人本有的思想體系。唯有肯恩，毫不妥協地堅守《奇蹟課程》最純淨且究竟的理念，修正當時所流行的各種詮釋；於此，他實有不得已的苦衷。因為海倫當年認為，這套思想體系如此究竟又絕對，可說是推翻了一切人間幻相，根本不適合大眾閱讀；在她心目中，此書只是給他們五六個人的。沒想到，此書一到了裘麗（Judy Whitson）手中，就如野火一般，瞬即燃燒出去。海倫曾跟裘麗說：**「這部書將來會被傳誦、解說成令你簡直辨認不出這是《奇蹟課程》的地步。」**為此，那批元老曾想成立「死硬派核心團體」（hard core group），忠實傳達《奇蹟

課程》的核心理念，絕不爲了迎合大眾的需求而將它摻水、軟化，任它淪爲人人都能接受的「方便法門」。然而，海倫本人從心底害怕這套思想體系，比爾當時又有個人的難言之隱，兩人都拒絕扮演奇蹟教師或專家的角色；最後，肩起這一重任的，唯獨肯恩。

（三）

　　肯恩的教學特色就是「用《奇蹟課程》的話來詮釋《奇蹟課程》」。他最多只會引用自己喜愛的佛洛依德、尼采、貝多芬作爲開講的楔子，一進入理念的層次，就全部引用原書作爲實證。不論學員問哪一層次的問題，他只有一個答覆，就是「**讓我們看看《奇蹟課程》是怎麼說的**」，基於他博聞強記的能力，他會隨口告訴你，「請翻看第幾頁第幾段」。

　　肯恩從小就有口吃的毛病，然而他絲毫不受語言的障礙，謙和而誠懇地從三十多歲的青年講到如今的白髮蒼蒼，終於折服了各據山頭的奇蹟群雄，成爲眾所公認的奇蹟泰斗。

　　綜觀肯恩的學說，四十年來反覆闡述的，其實只有

這一套理念：

　　——問題不在外面！金錢不是問題，性慾也不是問題，你的親子關係或親密關係更不是問題，因為你眼中的世界根本就不是真的，只是你編織的夢境而已。

　　——過去的創傷不是問題，未來的憂懼也不是問題，因為時間根本就不存在，那是小我向你心靈撒下的瞞天過海的大網。

　　——你若一味向外尋求答案，或把問題推到過去未來，你便徹底錯失了此生的目的。但請記住，這不是罪，你只是「懂錯了」，你最多只會為它多受一些無謂之苦而已。

　　肯恩的解決之道也說不上是什麼「妙」法，他只是藉由不同事例而重申《奇蹟課程》：「觀看、等待、不評判」的原則。

　　——只要我們不再害怕面對自己內在的兇手（小我），以耶穌的慈愛眼光諒解小我「不得已」的苦衷，便不難看清它的防衛措施下面所隱藏的真相。於是，作繭自縛、自虐自苦的傾向自然鬆解，我們便有了「重新

選擇」的餘地。

　　──然而，很少人眞有勇氣面對自己隱藏在無辜面容背後的兇手，這是人們最難跨越的心障。

　　肯恩花了整整四十年的光陰，就是教我們如何去「看」而已。這一道理雖然不難明白，但人心豈肯僅僅「觀看、等待、不評判」！這一解決方案可說是把小我逼入了絕路，它是寧受百千萬劫之苦也無法接受這種「出路」的。爲此，肯恩繼續苦口婆心地講下去，直到有一天，我們豁然領悟，《奇蹟課程》的奇蹟原來是在「寧靜無作」中生出的。

（四）

　　正因肯恩學說毫不妥協的精神與一成不變的形式，過去這些年，奇蹟資訊中心也不敢貿然出版他的書。於是，我先嘗試以研習的方式，把他的思想架構圖介紹給學員，再逐步出版一些導讀與傳奇故事，爲肯恩的書籍鋪路。在這同時，我也展開培訓奇蹟譯者的計畫，從肯恩的簡短問答下手，讓資深學員熟悉他的邏輯理念與風格，「奇蹟課程中文網站」的內涵也因此而更加充實齊

備。經過多年的準備，奇蹟讀者終於食髓知味，期待讀到肯恩書籍的呼聲也愈來愈高了。

而，我們也準備好了。

肯恩將他所有書籍的中文版權都託付給我與奇蹟資訊中心，我們也兢兢業業地肩起他的託付，我逐步邀請學養兼備的奇蹟學員與我攜手合作，藉由翻譯的機會（形式），學習寬恕（內涵），在相互修正的微妙互動中，化解小我視為命根子的特殊性。我們只有一個「共通的理想」，就是把原本只是演講的記錄，提升為精確又流暢的中文作品。而我敢驕傲地說，我們做到了，譯文的文字水平甚至超過了原書。

我常說，當學生準備好時，老師便出現了。在此感謝所有華文譯者與讀者，是你們多年來在自己心靈上的耕耘，促成了這套「肯恩實修系列」的問世因緣，使奇蹟理念得以以它最純粹、最直接，也最具體的形式呈現在我們的眼前。

（若水誌於星塵軒 2012.5）

冥　想

　　奇蹟只代表一種修正。它既不創造,也改變不了任何事情。它只是一邊面對人生慘境,一邊提醒人心:它所看到的景象全都虛妄不實。奇蹟能化解錯誤,但只限於知見的領域,它也無法超越寬恕的任務。所以,它只能在時間的限制下運作。為心靈「回歸永恆」及「覺醒於愛」的大業鋪路,因為恐懼在它溫柔的藥方下已不再興風作浪。

　　奇蹟充滿了天賜的恩典,因為施與受在它內成了同一回事。這是真理之律的最好寫照;世界卻與此背道而馳,完全不了解奇蹟的運作方式。奇蹟會把眼中顛倒的知見翻轉回來,消弭世間種種怪異扭曲的現象。如今,知見已經能向真理開放。如今,寬恕終於被視為天經地義了。

　　寬恕是奇蹟的搖籃。基督的慧眼能為所有受它仁慈及關愛眼神祝福的人帶來奇蹟。知見受到祂慧見的修正

以後，原先意在詛咒的，如今變成了祝福。每一朵寬恕
的百合都悄然無聲為全世界帶來愛的奇蹟。獻給上主聖
言的百合，安放在供奉造物主及其造化的普世祭壇上，
閃爍著完美、聖潔及無窮喜悅的光輝。

　　奇蹟首要的憑據即是信心，因為祈求奇蹟的心靈，
應該多少都準備好接受自己無法看見也不可能了解的事
情。然而，信心會帶來自己的見證，讓你看到它所仰賴
的力量確實存在。奇蹟會這樣為你對它的信心提供具體
證據，顯示它所憑據的世界遠比你過去所見的世界真實
得多，而且這個世界已由你心目中的那個世界救拔出來
了。

　　奇蹟像是由天而降的甘霖，落在有如荒漠的人間，
這人間已到了饑渴交迫、奄奄一息的地步。如今，它們
喜獲甘霖。如今，世界青翠欲滴。處處充滿了生機，你
便會明白：真正誕生的永遠不死，因為凡有生命的，必
然永恆不朽。

　　　　　　　　　　　　　——W-PII.13 何謂奇蹟？

　　　　　　　　（以上是研習開始時，由葛洛莉帶領「冥想」的朗讀）

導　言

　　研習前一兩個月，葛洛莉和我開始討論這次研習的授課內容，她建議討論「奇蹟原則」。說實話，在篇章繁浩的整個〈正文〉中，這部分並非我最欣賞的一節，但是她提醒我，童話故事《愛麗思夢遊仙境》中，國王是那麼說的：「你要從頭開始，一路走到最後，然後才停下來。」既然《奇蹟課程》用這種方式開始，我們從這兒開始著手似乎也不無道理。

　　這次研習簡單開場之後，我們會逐條逐句地討論五十條原則。說起來，作為本課程第一章第一節的「奇蹟原則」，簡直像極了歌劇的序曲，精扼地點出全書的綱要，後續的章節再逐一深入解說。但別忘了，序曲再怎麼精采也不等於整齣歌劇，第一節當然不能代表全書。

　　講述之初，我會先說明我對這五十條奇蹟原則的看法，同時解釋何以有幾條原則的用語和後文不一致。我相信凡是細心讀過第一節及〈正文〉前四五章的讀者應

該會發現前後不連貫的現象，也會感受到文字風格的落差，這是有原因的，我現在就跟大家分享。

大多數讀者都聽過《奇蹟課程》這部鉅作的來龍去脈：1965年10月，心理學家海倫・舒曼聽到耶穌的聲音開始為她口述這三冊書〔譯註〕。也就是口述初期，突如其來出現的「聲音」在對海倫說話，這讓她在筆錄的前四個星期始終坐立難安。雖然她仍可以「聽」得出大致的內容，但我相信當時的焦慮多少影響了她的接收能力，而使得訊息不夠清晰。

海倫年輕時就發現自己有一種「接收訊息」的能力，也「玩」過一陣子，沒多久便擱置一旁。所以在耶穌開始口述《奇蹟課程》時，她的筆錄就像打開一個塵封多年的水龍頭，鐵鏽雜質連同水一起流出，即使頭幾章的內容並未偏離全書的基本理念，但表達的風格卻呈現出前後不一的現象。

海倫有過好幾次這樣的經驗，她筆錄了幾段，結果第二天耶穌對她說：「你昨天那樣記錄，應該要這樣寫才對。」耶穌在隔天重述海倫前一天寫的內容，他會修

〔譯註〕指《奇蹟課程》的〈正文〉、〈練習手冊〉、〈教師指南〉。

正文體的不一致，幫她換上更貼切的用詞。因此，我們研讀《課程》時，最好先了解最初幾章筆錄形成的背景。〈正文〉到了第五章之後，風格逐漸穩定了，非但用字優美，語意也更為清晰，令人耳目一新。

　　值得留意的是，一開始耶穌並不是純粹的口述，而更像是耐心地跟海倫「溝通」（having an ongoing conversation），他會先說一段，然後由海倫發問，有時他甚至直接答覆海倫沒說出口的疑惑。大致說來，耶穌確實花了不少時間，幫助海倫和比爾把這些教材運用在他們的專業和個人的生活。

　　眾所周知，口語表達和正式寫作大不相同，根據我自己的經驗，當我跟人聊天或在辦公室談話時，我不太會注意自己的用詞是否前後一致，但寫文章就不然了，那時我通常會仔細留意用字遣詞。這就是海倫筆錄初期那幾個禮拜的狀況，尤其在前面四章特別明顯，以至於〈正文〉前幾章的表達會有相互矛盾之處，文筆也不像後續章節那麼流暢。況且，這段期間有不少內容是耶穌給海倫和比爾的私人訊息，並不是要給大眾看的，在那些片段刪除之後，語氣不連貫的情況就更加明顯了。

　　舉例來說，我們今天要討論的主題——「奇蹟」的
定義，在全書前後文是頗有出入的。第十七條原則說奇
蹟「有療癒的力量」，〈正文〉第二章卻說：「『療
癒的奇蹟』這種說法已把兩種不同層次的現實混爲一
談了。」（T-2.IV.1:3）可是，到了〈正文〉近尾聲處，
「療癒的奇蹟」又出現了好幾次（T-27.II.5:2）。這類看
似矛盾的講法，只要各位還記得當初海倫筆錄的心境，
就不難理解這明顯的矛盾是其來有自的。頭幾條奇蹟原
則明明在談那種「改變外境、改變他人行爲」的奇蹟，
後幾條原則很快就改弦易轍，回歸《課程》的核心要
旨——奇蹟是知見的修正（W-PII.13）。的確如此，即使
前幾條原則把奇蹟說成行爲的改變，但在第二章第四節
之後，耶穌用了好幾節的篇幅重新釐清觀念——奇蹟乃
是想法的轉變，而療癒是奇蹟自然的結果。此外，由於
本書後半的寫作風格轉爲詩意，不再那麼嚴謹地字斟句
酌，自然也就不太避諱「療癒的奇蹟」這種說法了。

　　再舉一個例子，第二十一條奇蹟原則談到「上主的
寬恕」，而〈練習手冊〉不但說「上主不用寬恕，因
爲祂從不定人的罪」，甚至還重複了兩遍（W-46.1:1；
W-60.1:2）。寬恕僅僅是針對敵意或憤怒念頭的修正方

案而已，既然上主不可能與我們為敵，更不會大發雷霆，天堂裡又何需修正與寬恕？然而，我們確實常讀到「上主的寬恕」這種說法，〈正文〉所列述的「主禱文」，文詞極為優美，它一開始就說：「天父，寬恕我們的幻相吧！」（T-16.VII.12:1）因此，如果你存心要挑出《課程》的矛盾，你一定找得到的，甚至隨手一翻都抓得出耶穌的語病，證明這部課程「大有問題」。海倫筆錄最初的幾個月就是在玩這個把戲，耶穌則回應她，何苦這樣浪費彼此的時間和精力呢？

　　總而言之，即使表達的方法並不一致，但它的基本精神始終一以貫之，從不偏離核心觀念，這是《奇蹟課程》最難能可貴之處。

　　在我們正式逐句討論五十條原則之前，我想用下面這張圖表點出日後討論的方向。我們當初沒有人喜歡耶穌給這個課程所取的書名，但耶穌對「奇蹟課程」這四個字似乎胸有成竹，顯然「奇蹟」正是他要教的重點，也是我們真正需要受教的。在此，我要先強調一點：奇蹟之所以和外在現象完全無關，是因為心靈之外，沒有什麼是真正存在的。

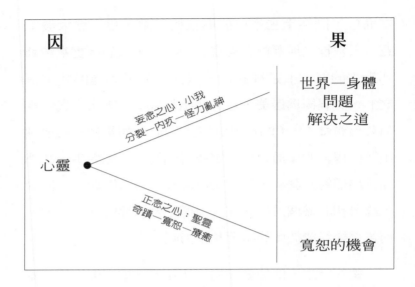

我假設大家都能接受《課程》的形上觀點，所以只用這張圖表來簡單說明何謂「外面的世界並不存在」。《課程》認為世界只是我們內心的投射，也就是說，整個的關鍵在於心靈（圖左方的小黑點），心靈將內在心念投射到世界這張螢幕上，包括了整個宇宙，以及有你有我的這個世界。這張圖表解說得再清楚不過了，問題只在此心，絕不在外面；我們唯有看出問題之所在，才可能在那兒找到解答，而奇蹟就是它的解答。

一言以蔽之，奇蹟就是「修正錯誤的想法與知見」，正因為如此，《課程》從不呼籲學員改變行為。

很多人可能讀過《紐約時報》1984年12月9日的專題報導，作者在這一點就把話給說反了。報導中引述我說「改變行為，然後心靈就會改變」，但我在電話裡其實是這麼說的：「改變你的心靈，行為自會轉變。」《課程》並不反對我們設法改變行為，但它特別提醒我們，不要以為改變行為就能解決問題，它最多是讓問題改頭換面而已。問題的癥結絕不在外面的世界和身體，而是在心靈。若想真正了解「奇蹟」，就必須先了解《課程》的這一核心觀念。簡言之，所謂奇蹟，就是在心靈的層次上修正我們的認知與思考方式。

　　《課程》有一句話深得我心，雖然它不像在下定義，卻可說是「奇蹟」最完美的定義：「人間再沒有比『千古宿怨化為眼前之愛』更神聖的地方了。」（T-26.IX.6:1）「恨」是小我看待萬物的眼光，「愛」則是聖靈賜給我們的慧見，我們深惡痛絕之人竟可能成為我們摯愛的人，如果這還不算是奇蹟，又會是什麼？看待世界和人際關係，有兩種截然不同的眼光，小我的目光一向著眼於種種的分別、憤怒與內疚，為內心的怒氣找出口，心靈的病痛於是在身體找到了宣洩的管道。小我看待世界的方式，回過頭又鞏固了小我的存在基礎，也就

是「不只我是上主之外的生命，我和所有的人都是不同的個體」。要修正這一惡性循環，我們只需心念一轉，將小我的眼光換成聖靈的眼光；奇蹟就是從小我到聖靈的轉變，而這個過程與「寬恕」可說是同義詞。

　　真正的寬恕能徹底治癒所有的問題，因為一切問題都出在我們對它的詮釋，而所有的詮釋又都出於內疚。無論是健康、經濟或社會問題，從來就不是世界的問題，而是源自我們心裡，而且最後都可以歸根於「內疚」的問題。既然「內疚」就是「缺乏寬恕」，寬恕當然是治療這個病根的最佳藥方，可以進一步這麼說：「奇蹟」、「寬恕」以及「療癒」，說到究竟，都是同一個心理過程。

　　由此可知，我們只有一個問題，就是內疚的問題，它也只有一個解答，就是奇蹟。說得更清楚一點，所有的內疚都來自於「你我有別」的信念；分別即是內疚，內疚即是分別，它們原本是一體的兩面。

　　在進入奇蹟原則的解說之前，大家對導言所說的有沒有問題？

問：你說的寬恕，是指先寬恕自己，然後再寬恕別人，是嗎？

肯恩：《奇蹟課程》的方法是：透過寬恕別人來寬恕自己。從實際操作的角度來說，若能寬恕別人，必然有助於寬恕自己。根據我們的經驗，寬恕自己與寬恕別人是相輔相成的，我越能寬恕你，就越覺得自己受到了寬恕；而我越覺得自己受到寬恕，就越容易寬恕別人。回到《奇蹟課程》的形上理念，寬恕別人之所以能幫我們寬恕自己，是因為自己和別人原本是同一個生命。如果我們真心接受「外面的世界，除了我們自己投射出去的東西以外，其實什麼也沒有」這個觀念，就會認清我們眼前的世界和自己的內心世界，兩者根本密不可分。〈學員練習手冊〉最初幾課的用意，其實就是訓練我們這樣去看、去思考，幫我們體驗到，既然是我們的念頭創造了眼前的世界，我們往外看到的和內心所見的，完全無二無別。所以說，寬恕別人與寬恕自己其實是同一回事。

為什麼我們必須先寬恕別人？因為內疚多半是無意識的，我們根本覺察不到，而覺察不到的事情，我們對它就無從下手。但在同時，我們通常能覺察自己對別人

的負面感受。比如說，倘若我看你不順眼，只要我願意接受聖靈寬恕的眼光，便會讓我看清自己正在做什麼。祂還會提醒我，我對這人的敵意，不過反映出我對自己的敵意而已；若非這人出現在我生活中，我還不知道自己那麼在意這個問題。換句話說，你成了我的一面鏡子，當我面對你時，你其實是在為我反映著我內心隱藏的世界。當我改變自己對你不滿的心態，其實我在改變的是我對自己不滿的那個源頭；即使你我的問題表面上好似各自不同，這個原則仍然適用於所有的狀況。大家都聽得出來，我們在此所談的，正是《課程》最重要的觀念：投射。雖然「奇蹟原則」這一節通篇隻字未提「投射」這個字眼，其實它處處暗示了，我們是怎麼把內心的看法投射到世上的。

問：你的意思是，想要接受並了解寬恕，我們必須不斷地向聖靈求助？

肯恩：是的，《奇蹟課程》常常引用〈福音〉「光憑自己，我一無所能」（M-29.4:2）。我們為了維繫分裂與內疚的幻相，已經投入太多心力，以至於幻相在我們心裡牢牢紮了根。小我在我們的心裡如此根深柢固，如果沒有外援，沒有聖靈的幫助，我們幾乎不可能改弦易

轍，也不可能做到真正的寬恕。但別忘了，擔任「外援」的聖靈並不真的在外頭，祂一直在我們心裡。

　　問：和朋友談話後，我發現我對她有所投射，而那個投射其實是針對我自己，與她並無關係。後來我又發現，那個投射原來是衝著我與神的關係而來的，儘管兩個對象南轅北轍，其實是同一個投射。

　　肯恩：是的，推到究竟，遲早會推到我們和上主的關係。小我思想體系深信自己是一個活在上主之外的單獨個體，非但與上主決裂了，還恩將仇報，這麼一來，我們自然會認為老天爺怎麼可能不發火，怎麼可能不懲罰我們！這一連串「想當然耳」的信念，就是小我存在的基礎，為了躲避天譴，我們寧願忍受更多荒誕不經的妄想，其中最怪異的莫過於相信攻擊別人、把自己的問題投射到別人身上，才能確保自己安全。仔細想想，我們所有的人際問題，哪一個不是出自於「他不是我」這一念——既然他不是我，我很自然會認定他害苦了我；或者恰好相反，深信自己害了對方，因而內疚不已。

　　這些感受，相信你我都有過。生活裡多的是機會目睹小我演出的各式各樣戲碼，但萬變不離其宗，最後

都脫不了「自己非但背離了上主，甚至還攻擊、迫害了祂」這一信念。這麼深的內疚，逼得我們不得不盡快投射出去，反過來認定自己才是上主的犧牲品。例如，小我的思想體系中，死亡成了它最大的把柄，證明上主真的在懲罰我們，祂既創造了身體，又以毀滅來懲罰身體，使身體受盡折磨⋯⋯。你看，小我信的就是這一套。

這就是你我埋藏在無意識裡最不堪的人生劇本，迷失在其中，我們別無他法，只好繼續將那些感受投射出去，重現於他人身上，甚至連逝者也不放過！有些人即使已經離世二三十年，卻從未遠離我們的心，只因我們還背負著那些人對自己的傷害，或是對那些人的虛幻記憶。《課程》提過，我們之所以無法立刻回到天堂，只因為在此累積了太多的恐懼和害怕。然而，只要我們願意和身邊的人攜手同行，我們還是有機會一點一點地脫離小我的勢力的。

還有其他問題嗎？很好，我們要進入這五十條原則的討論了。

第 *1* 條原則

> 奇蹟沒有難易之分。一個奇蹟不會比另一個奇
> 蹟「更難」或「更大」。它們全是同一回事。
> 全都表達了愛的極致。

這一條開門見山的原則，實在彌足珍貴，雖然我曾說過五十條「奇蹟原則」並不是我最喜愛的一節。這個原則是《奇蹟課程》全書最精闢的論點之一，我相信耶穌也深有同感，否則不會在整部《課程》中不斷以各種形式出現。只要徹底了解「奇蹟沒有難易之分」的含意，就不難明白《課程》所有的教誨，因為它是萌生整個思想體系的種子。開宗明義這麼說，「奇蹟沒有難易之分」，等於說，世界上所有的問題都是同一回事——那些看似嚴重的和看似輕微的，其實沒有任何差別。

我們必須先認清外面的世界不存在，才可能真正體會這個原則。如果我們相信這個知見的、物質的，或分裂的世界是真實的，那麼也一定相信世界有種種等級之

分。我們所認知的世界，都是建立在層次與差異上，完全脫離不了大小、胖瘦、美醜，男女、日夜、明暗，以及大問題小問題等諸如此類的概念。就連對人的色覺，也必須藉著光的不同波長才能辨識，而這些差異性都是小我分裂世界不可或缺的要素。

只要你還相信身體是真實的，就會相信某些問題比其他問題更為緊要。比如說，認為致命的疾病無比嚴重，輕微的頭痛則只是小毛病。每個人都會掉入這種陷阱，而且還會用種種手法來掩飾自己的居心。比如只請求聖靈幫助解決某些問題，而非全部的問題；要不就是認定祂太忙了，沒空管那些雞毛蒜皮的小問題；要不就是相信只靠我們自己就可以一手搞定。說穿了，我們真正害怕的，其實是聖靈的解決之道，因為那意味著小我從此就會喪失立足之地了。

然而，學習《奇蹟課程》的目的所在，絕不是要我們為掉入這些陷阱而感到內疚。《課程》真正的重點，是要讓我們知道自己有多麼瘋狂，進而明白整個小我的思想體系多麼瘋狂，唯有如此，我們才有改變心態的可能。假如連問題出在哪兒都看不出來，你怎麼可能改變對它的看法。再說一遍，揭發小我的思想體系並不

是為了加深我們的內疚或愚癡之感，而是幫助我們看清楚 —— 我們多麼相信小我的說詞，多麼對小我言聽計從。如此一來，我們才能撼動並改變這個扭曲的知見。也因此，《課程》開卷伊始，會以這條原則給我們來個當頭棒喝。

它要說的是，治療癌症和治療輕微的頭痛一樣容易，解決核戰的威脅和處理孩子間的爭吵也一樣容易，因為這些都是同一回事。它們都源自同一個核心信念 —— 認同分裂、認同內疚。問題的根源絕不在外面的世界，而是在我們的心裡。寄身世間，我們對各種問題的解決之道，不外乎從症狀的層次去減輕痛苦，也就是只在形式的層次妄自使力。《課程》的基本原則之一，是要我們分辨出「形式」與「內涵」迥然有別。世上只有兩種基本的內涵：上主或小我，愛或恐懼，靈性或身體；世上也只有兩種基本的知見，就是聖靈或小我看待問題的兩種眼光。

如今，這兩種內涵已化身為無數形式，就以小我世界的基本內涵「分裂」來說，我們不難看出，這個分裂的信念已經在人間化身為種種千奇百怪的形式。有些我們視之為負面的，例如疼痛、受苦、死亡等等；有些我

們界定為正面的，例如心想事成、趨吉避凶之類的。問題的關鍵並不在於這些形式（見下圖右邊部分），而是那個形式背後所隱藏的心態（圖表左邊部分）。

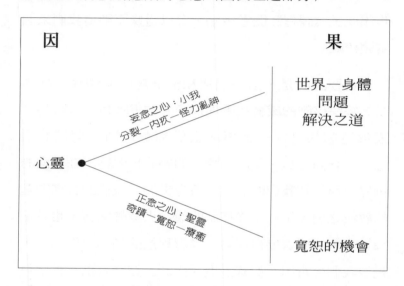

第二十三章談到「無明亂世的法則」（T-23.II），這一節非常艱深難懂，卻是至關緊要的一節。「無明亂世的法則」描述了五條法則，這些法則成了小我思想體系的支柱，它們與五十條奇蹟原則恰恰相反（耶穌給了五十條奇蹟原則，卻僅僅列舉五條無明法則，光是這樣，你就知道他站在哪邊了）。無明法則的第一條，和奇蹟原則第一條正好背道而馳。它說「真理因人而異」，因

此幻相有種種的層次之別，某些幻相比較糟糕，某些幻相則比較有價值。這正是我們剛才談到的，只要你相信某些問題比別的問題更嚴重，就會相信不同層次的問題需要不同層次的解決方法。舉例來說，醫護人員的基本培訓就是如此：用甲方法治療A症狀，乙方法對治B症狀，如果出現C症狀，則採用甲方法加乙方法或其他法子。這就是我們的寫照，不停地使用各種方法逐一對治不同的問題（我在此得先澄清一下，《課程》並非說你不該做這類事情。這一點，講述到後面的奇蹟原則時，我會再詳細說明的）。真正的療癒乃是化解我們認定自己與上主是分裂的信念，那才是一切內疚的根源。讀到後面，你自然會了解，「療癒」與「結合」原是同義詞——我們一旦認清了自己唯一的問題就是「相信我們是分裂的生命」，那麼，解決那些表面問題的唯一辦法當然就是「結合」了。

隨著深入這些教材，我們會愈來愈清楚《課程》的基本教誨乃是：我們如何定義一個問題，我們就會如何解決那個問題。準此而言，修習這個《課程》最重要的一件事，便是牢牢記住，問題永遠只有一個，就是「我們是分裂的」那個信念。反之，如果你認定問題明明是

別的事，那麼，你勢必會去找其他的方法解決了。

〈練習手冊〉第七十九課也同樣指出：問題只有一個，答案也只有一個。這個問題就是內疚、分裂或心懷怨尤，而唯一的解決之道則是奇蹟、結合或寬恕。這正和奇蹟第一原則「奇蹟沒有難易之分」互相呼應，不管我們認定自己的問題是什麼，所有的問題都可以用同一個方法解決，這就是：改變我們對問題的看法。

問：有時候我們自以為已經改變心態了，其實那根本是一種否認或逃避……。

肯恩：〈正文〉最後有一段話：「考驗不過是你過去尚未學會的人生課題再度出現於你眼前，讓你在過去選錯之處作出更好的選擇……。」（T-31.VIII.3:1）我們大多數人都還沒有化解所有的內疚，有時候我們以為某一段關係已經療癒，或某一事件已經解決了，結果一年半載之後突然發生一件事，心頭砰的一聲！過去那種感覺一股腦兒再度湧現。我想，每個人都有過這類的經驗。

這並不表示當初的努力都前功盡棄了，它只意味我們當時所能做到的程度未盡徹底而已。每當我們準備好

跨出另一步，試圖療癒更深一層的內疚之際，考驗的機會便來了。我們會發現自己心煩意亂，甚至覺得受傷被騙，這其實是在提醒我們，我們並未徹底放下分裂的信念，只是這一次我們把信念投射到另一個人身上而已。小我會說：「認命吧，你失敗了！」聖靈則撫慰我們：「現在，我們準備好要跨出另一步了。」《課程》的妙用即在於此：把生活中每一事件都看成一個機會，這樣做，足以寬恕並療癒那些深埋心底、連自己都蒙昧不察的東西。這個原則，絕無例外可言。

事實上，《課程》的威力正是在於它的立論如此簡單明瞭而又一以貫之。它只教導一種看待世界的方式，就是把所有的事件都看成治癒心靈的機會，不管我們是為了可怕的新聞事件，還是為了家庭、社區，或工作場所遇到的芝麻小事而煩惱，它們全是同一回事。

問：雖說奇蹟沒有難易之分，但在感覺中我們仍然覺得奇蹟是有難有易的。既然如此，我們是否需要從比較重大的問題開始學習寬恕，然後再去處理其他的小問題？

肯恩：能處理什麼就處理什麼。有些人的反應剛好

相反，覺得大問題太吃力了，所以他們從生活細故練習寬恕，譬如高速公路上莽撞超你車的人、專門愛使小動作而惹人生厭的人，或是孩子該做家事卻老是賴著不做的情況。比起大問題來，有些人覺得寬恕這類小事比較容易。

問：非得如此不可嗎？

肯恩：也不盡然如此，而是怎樣做能夠讓自己心安理得一點，如此而已。

問：第一條原則是否表示「癌症」和「感冒」一樣容易痊癒？

肯恩：是的。但你可能會誤以為問題在於癌症或是感冒，請記住，那不是問題之所在。真正的問題，在於導致這些疾病的心念。《課程》說「意義即是目的」。眼睛不要死盯在癌症的病情有沒有緩解，因為那根本不是問題所在。人之所以罹癌，可能有它的目的，它不見得是衝著患者而來，很可能是衝著他身邊的家人朋友，甚至醫護人員而來的。

問：所以「奇蹟沒有難易之分」說的並不是治療什麼，而是改變知見？

肯恩：沒有錯，它是指心態上的改變。我們後面還會重複談到這個觀念。

問：這麼說來，既然是一個人的想法導致癌症的，當他心靈痊癒時，癌症是否痊癒已經無關緊要了，對嗎？

肯恩：正是如此。很多人會用身體是否痊癒來印證自己的靈性或心理健康的程度。他們會想：「如果我真的做對了，這個腫瘤就會消失。」這種心態反而把癌症當真了。如果你的心靈真的痊癒了，癌症就不再是燃眉之急。這並不是說腫瘤不會消失，它只是說你的精力不再放在腫瘤是否消失上頭，而會致力於心靈的平安。

問：死亡是否表示，時候到了，我們就可安心躺下，放下身體？

肯恩：如果你說的「時候到了」是指我們完成了此世所要學習的功課，沒錯。不過，我們也可能改變心意，決定在完成這些功課之前就離開身體。就像《課程》說的：「沒有人能夠不經自己的同意就死亡。」（W-152.1:4）

問：就算我們努力改變心態，但如果我們身邊的人

仍抱著舊知見看待疾病，這種「集體性」的力量會有多大？對我們又會產生如何的影響呢？

　　肯恩：每個人心裡永遠都有兩個聲音，小我的聲音與聖靈的聲音。大多數時候，我們會在兩者之間來回擺盪。好比說，我正在修練《奇蹟課程》，卻沒有全力以赴，不時生出疑慮和恐懼。那種情況下，身邊的其他人也老是強調小我的觀點，如此，當然會強化了我的小我。但如果我非常堅定，知道小我的說詞都是騙人的，就算成千上萬的人講同樣的話，也絲毫影響不了我。反之，要是我自己心志不堅，我的小我就會自動搜尋這些人來，用他們的所作所為來強化小我的說詞。

　　請注意，不是那些人強化了我的小我，而是我自己下意識地尋找這些證人來聲援小我。如果我真的想要證明憤怒有理、疾病可怕、分裂是真實的，這類見證俯拾皆是，根本無需上窮碧落下黃泉的找。這點我們都心裡有數。唯有我們自己動搖了，別人的想法才會加強我們內在負面的想法，或說小我的想法。他們並沒有用蠱術來控制我們，我們不該找別人來為自己的想法負責。《課程》從來不曾教人推卸責任，它只是說，別人的看法或世間的種種會強化小我的聲音，但如果你夠清楚自

己的信念，它就絲毫影響不了你。耶穌可說是我們的最佳典範。

進而言之，相信抽煙會致癌，就是掉入了小我的陷阱，真正致癌的是內疚。不過，如果你始終相信抽煙對你有害，那就不要抽煙。假設你有糖尿病，而你的信念裡依然認為身體是會生病的，那麼，不打胰島素或故意去吃霜淇淋，就等於存心跟自己過不去。這種時候，最能體現寬恕精神和最有愛心的行為，就是好好照顧你生病的身體。

問：「聆聽聖靈」是什麼意思？

肯恩：聆聽聖靈其實只是一種說法，就像說祂是上主的天音也是一種比喻而已。聖靈透過我們的心靈與我們交流，祂會用任何我們可以領受的方法或工具，也許是某個直覺、想像、突如其來的念頭或領悟、夢境，或者感覺好像「聽到」什麼話或起了某個念頭，種種都有可能，你完全知道那不是來自你的。聖靈從不吹毛求疵，你給祂什麼工具，祂就用什麼來幫你。

好，我們繼續往下說，不然光是第一句就沒完沒了了。第二句不過是以另一種方式重申第一句的觀點而

已。沒有「更難」或「更大」的奇蹟，等於是說沒有更難或更大的問題。比爾‧賽佛曾經說過，第一個原則可以理解為「問題的解決沒有難易之分」；所有問題都是同一回事，所有的解決之道也都一樣。

下一句「全都表達了愛的極致」，我在討論《課程》的內容架構時，解釋過它的兩個層次。第一個是形而上的層次，我們今天不會花太多時間在這上面。第二個是比較具體的層次，也就是對照兩種看待世界的眼光。第一個層次的論點在《課程》中是毫不妥協的，不是全對就是全錯，絕無中間地帶可言。就像你不可能只懷了一點孕，你不是懷孕了就是沒有懷孕。在第二個層次，我們不斷在小我與聖靈之間來回擺盪。「全都表達了愛的極致」這句話屬於第一個層次 —— 你不可能只有一點愛，你不是有愛就是沒有愛。愛的特質之一就是它是全面的，完整的，涵括一切的，這一點絕對沒有例外。愛的表達必定全都是極致的，緊接著這句話而來的即是「世上只有一個問題」。這個問題就是怨恨或恐懼，而這個問題也只有一個解決之道，那就是愛。愛並非來自我們，也不是來自這個世界。愛來自上主，只能透過聖靈來啟發我們成為有愛心的人。

　　《課程》認爲這世上沒有人懷有眞正的愛，因爲世間的愛莫不夾雜著愛恨交織的情緒（T-4.III.4:6）。我們正因小我而來到世上，這意味著我們相信分裂，也意味著我們無法相信愛「全然包容」的本質。確切地說，在世間，只有寬恕最近似天國的愛，上主透過我們心中的聖靈將這種愛賜給我們，是聖靈啓發了我們去做富有愛心的事。但這兒所說的「愛」，並非最高層次的愛，它僅僅指涉我們世間的一般作爲而已。

　　問：既然「全都表達了愛的極致」這句話只適用於上主的愛，作者在此又意有所指，究竟在指什麼呢？

　　肯恩：它是指上主在此所示現的愛。換句話說，這句話其實是指奇蹟。奇蹟來自於愛。下一個原則會討論這一點。

第*2*條原則

奇蹟本身無足輕重。重要的是它的終極源頭，
它的價值超乎人間的評估。

所謂的「終極源頭」，指的就是上主；在分裂的心
靈中，上主透過聖靈來顯示自己。此處的重點是要了解
奇蹟本身無足輕重，因為奇蹟與小我同樣屬於幻相世
界。奇蹟若只是一種修正，那是對妄念的修正，表示奇
蹟也屬於一種幻相。前面說過，天國不需要奇蹟，天國
也不需要寬恕。只有在相信罪咎、痛苦、犧牲、分裂等
等信念的地方，才有寬恕或奇蹟的必要。

關鍵在於上主或者上主的造化，也就是我們內在的
靈性，亦即基督自性。但在這個世上，奇蹟變得非常重
要，因為我們就是靠這種「修正」才有憶起自己真實身
分的一天。《課程》明言了，寬恕是一種幻相，但它同
時指出，寬恕是最後一個幻相（W-198.3）。寬恕與世間
其他幻相的最大區別，在於寬恕能終結一切幻相，而其

他的幻相則會不斷滋生幻相，強化分裂，把攻擊當真，而且視爲情有可原的；奇蹟的幻相則教我們明白，原來幻相並不存在。

問：如果你說我們在這一世中不可能成就圓滿的愛，那我們又該如何看待耶穌呢？

肯恩：我先修正一下我之前的說法。我想，人間確實有極爲少數的例外，譬如說耶穌，他成了上主之愛最偉大的象徵。另外還有一些已經徹底超越了小我的人，他們留在世上一段時間來幫助其他人。在東方，他們被稱爲再來人或菩薩：既已徹底穿越了小我，但又保留一絲小我以便待在身體裡，他們來此世間不再是爲了學習。然而，這種情形少之又少，所以討論這些特例對我們沒有任何助益。（M-26.2,3）

問：我們的「創造」是指什麼？

肯恩：《奇蹟課程》用了不少專有名詞，有些並沒有清楚地加以界定，「創造」一詞是其中之一。它指的是我們與上主共享的一種創造過程，它屬於靈性的一種基本特質──不斷地自我延伸。這一過程並不會在時間或空間中發生，所以我們很難想像那是怎麼一回事。上

主不斷延伸自己的靈性，我們稱之爲創造或造化。我們本身即是上主的創造之果，但這不是指此刻坐在這個房間的「我們」，而是屬於基督自性的「整體我們」。整體中的每個「人」都是這個基督的一部分，而基督是上主的延伸。既然基督是上主的一部分，祂自然享有上主的基本特質，其中一種特質就是延伸或推恩。爲此，基督也會延伸自己。

基督所延伸出來的就是《課程》所稱的「創造」。創造是我們在眞實境界中的延伸。這確實不易了解，因爲這世上沒有任何類似之物可以比擬。《課程》所用的「創造」一詞，在其他奇蹟原則中也出現過，它不是指創造性的想法，如藝術創作諸如此類的。《奇蹟課程》並不反對藝術創作，只是「創造」一詞在此書中另有所指而已，它純粹代表靈性層次的活動。這與傳統「三位一體」的觀念相似，所不同的，「三位」當中的第二位不僅是指基督而已，我們每個人都在其中，它同時也包含了基督延伸出去的一切，那就是我們的「創造」。

問：《課程》似乎向我們保證，我們的創造正在等著我們。是這樣嗎？

肯恩：他們就像在終點歡呼的群眾。你興沖沖地返鄉，他們在兩邊列隊歡迎你回家。當然那是一個比喻。它說的是我們的一體自性不斷地呼喚我們憶起自己的真實身分。

第二個原則的最後一句話「它的價值超乎人間的評估」，「評估」是世間的詞彙。我們永遠都在評估，評估顯然是一種判斷和認知的過程。換言之，就是有一位評估者在評判另一樣東西或另一個人，意味著主體與客體的分裂。很明顯的，整個評估的過程只在知見的世界（而非上主的世界）才有其意義。上主超乎一切評估，因為祂超越判斷，超越形式，超越分裂，超越知見。奇蹟的重要性就在於它教導我們，世間的一切無足輕重。我們一旦學會了這一課，奇蹟就沒有存在的必要了。這是《課程》各種教誨的一貫宗旨，例如時間的目的原是教我們看出時間並不存在；世界或身體的目的旨在教我們明白世界或身體並不存在，但我們必須留在這個身體或世界才能學會這一功課。這就是為什麼《課程》一再提醒我們，不要否認物質或身體的經驗（T-2.IV.3:8~11），它只是叮嚀我們要用不同的眼光去看它們而已。

第 *3* 條原則

> 奇蹟是愛的自然流露。真正的奇蹟在於那能激
> 發奇蹟的愛。為此之故，凡是出自愛的就是奇
> 蹟。

在第三十二條原則中，耶穌曾說他是激發所有奇蹟之人。現在，我想談一下耶穌的角色與聖靈的角色，他們兩位在這些原則中其實是可以相互替換的，我也會交互使用這兩個名字。若由他們的任務來看，聖靈與耶穌可說是同義詞，他們都負有同樣的任務，都是帶領我們回家的內在導師或內在之音。這不難理解，耶穌已經完全超越他的小我，表示他內在唯一的聲音只有聖靈的天音。《奇蹟課程》說，我們內在有兩個聲音不斷地發聲，那就是小我之音與聖靈之音。既然耶穌不再有小我，他內在唯一的聲音就等於聖靈的天音。為此，《課程》後面提到，耶穌是聖靈的化身（C-6.1:1）。他不是聖靈，而是聖靈的化身。他在〈正文〉也屢屢說，自己

只聆聽聖靈（T-5.II.9,10,T-5.IV.4:1），聖靈是他的導師，而且他願幫我們學習他已學成的功課。因此，從任務的角度來看，聖靈與耶穌的名字可以等同看待。兩者都可視爲內在的聲音、內在的導師，是專門來修正小我所教的錯誤，所以耶穌才會說所有奇蹟來自於他。也因此，說耶穌是聖靈的化身，就等於說他是上主聖愛的化身。

廣義來講，真正的奇蹟是激發奇蹟的「愛」，這表示真正的奇蹟必然來自上主，或是在我們心內爲上主代言的聖靈或耶穌。爲此，這些原則一再聲明奇蹟並非來自於我們；我們自己無法將小我的知見轉爲奇蹟，那是聖靈的任務。我們唯一能作的是選擇奇蹟來取代小我，這是《課程》對我們唯一的要求，也是它所說的「小小願心」。這小小願心會促使我們開始去質疑自己對世界的判斷，質疑自己錯誤的知見所弄假成真的一切。而且，它只說「小小的願心」，並沒有說很大的願心。它甚至說，如果我們具有很大的願心，那麼就不需要聖靈、神聖的一刻，也無需《奇蹟課程》了。（T-18.IV.2,4,5）

問：那就是愛的自然流露嗎？

肯恩：選擇聆聽耶穌而非小我的聲音，可說是一種「愛的流露」，或是「愛的決定」。但請不要著文字相，那只會讓你抓狂。這不是宗教法典，不用逐字逐句地剖析它。文字的目的只是幫助我們了解那個經驗——屬於上主的經驗。

請記住，我們很容易掉入文字的陷阱。〈教師指南〉說：「語言只是象徵的象徵。因此，它離真相有雙重之隔。」（M-21.1:9~10）《課程》提到上主時用了一些象徵詞彙，稱祂為天父，說到祂時，還會用關心、慈愛、寂寞這類擬人手法來形容祂。〈正文〉第二十七章「超越象徵之上」那一節強調了一個觀念，真理與上主的境界超越我們所用的一切象徵與概念。但在世界上，聖靈需要借用象徵，才能引導我們有朝一日得以超越所有的象徵。正念之心與妄念之心屬於聖靈與小我的象徵層次，所以這裡說的「奇蹟」屬於廣義的用法，第二十四條原則「你，就是奇蹟」，也屬此類。

問：《奇蹟課程》提到，面對任何事情，務必隨時反問自己「目的何在」，這是修練《課程》的關鍵，對嗎？

　　肯恩：是的，這確實是一個關鍵。我先前稍微提過，面對世上任何事物，我們唯一要問的就是：「這事的目的何在？」（T-17.VI.2:1~2）世間萬物只有兩種目的，正如前面所說，只有兩種內涵。一是小我的目的，企圖強化分裂；另一則是聖靈的目的，旨在療癒分裂。這就是為什麼《課程》像〈福音〉一樣，再三奉勸我們「不要評判」，道理是相同的。

　　只有小我最會評判。當我們評判時，永遠是根據表相形式來評判。小我的構成要素之一就是評判。一旦你評判某種形式好或不好，有病或健康，神聖或不神聖，你都是把它當真了。這等於宣告這世界確實存有不同的層次，聖境也有不同的階層；有些形式比較神聖，比較高級。

　　傳統宗教所犯的最大錯誤，就是過於強調形式。一旦強調形式，就等於肯定了身體的真實性，也等於認可幻相有不同等級，於是某一特定行為、特殊的身體，或某種形式就會顯得更加神聖似的。你若不想掉入這個陷阱，必須時時反問自己「它的目的何在」。神聖或不神聖，全看它的目的，與形式無關。唯有以聖靈為目的才可能神聖，因祂的目的即是療癒和結合。我們說某一

事物不神聖，不是因為事物本身，也不是它看起來的樣子，更不是它的表現如何，而是在於它的居心用意，它是否帶有攻擊或分裂的企圖。奇蹟就是為了修正這個妄見。隨後的討論會進一步澄清這一點。

第*4*條原則

> 所有的奇蹟都充滿生命，上主則是生命的賦予
> 者。祂的天音會明確而具體地指引你。祂會告
> 訴你該知道的一切。

　　這是「奇蹟源自愛」的另一種說法。奇蹟反映天國
之愛，自然也反映了天國的生命，這生命與我們所說的
肉體或個人生命毫無關係，只因它們全屬於身體層次。
真正的生命來自上主，是我們內在不朽的靈性生命。只
有奇蹟能將我們領回上主那裡。

　　「上主的天音」即是本課程為聖靈所下的一個定
義，祂「會明確而具體地指引你。祂會告訴你該知道的
一切」。我相信很多人都如此懷疑過：「《奇蹟課程》
不是說聖靈會明確而具體地指引我嗎？為什麼我始終沒
聽到什麼明確而具體的答覆？」其實，我們之所以聽不
到聖靈的具體指示，是因為我們規定聖靈要按照我們自
己想要的形式來答覆。

　　毋寧說，我們向聖靈提問時，通常並非眞的在問
祂，反而更像是一種聲明或表態。這充分顯示出小我的
傲慢──它相信自己知道問題所在，也知道答案應該如
何才對。總之，我們在請求上主協助時，早已認定問題
所在，然後要祂按我們所認定的方式去解決。如果祂沒
給出我們想要之物，我們就會理直氣壯地說：「你說你
會具體而明確地回答我，所以我才來問你的。我這麼誠
實、眞摯、虔誠、忠貞，結果還是什麼也沒聽到。」我
們其實是存心把祂推出門外而不自知。不是聖靈沒有答
覆我們，而是我們不願聽祂的答覆。

　　問：你的意思是，指望聖靈按照我們自己預設的形
式來答覆，這樣做，反而限定了祂？

　　肯恩：正是。〈正文〉曾提到小我最愛使性子叫
囂：「我偏要這樣！」（T-18.II.4:1）正如同我們孩提時
代的行徑，長大後其實還是老樣子，「我非要這樣不
可」。我記得海倫好幾次對耶穌提出某某要求後，總是
這麼附帶一說：「這事沒有商量的餘地！」結果一點用
處都沒有。所以我們還是少來這一套爲妙。還有，《課
程》說聖靈會告訴我們該知道的一切，因爲祂比我們更
清楚我們眞正該學的是什麼。

問：你是說，我們除了有意識或下意識地期待某個特定的答案之外，我們還自以為是地界定自己的問題在哪裡。對嗎？

肯恩：沒錯，正是此意。我們自己設定了問題，然後要求祂給我們「那個答案」，然而，真正的問題在於我們堅持「我的問題是這件事或那個人」，卻從不說：「我不平安，請幫助我找回心靈的平安。」要知道，不平安的真正原因是我們對某人心懷敵意，我們心裡缺乏寬恕，也因此，解決之道永遠脫離不了寬恕或結合的課題，不管是行為層次或是思想層次，那並不重要，請記住，關鍵在於認清你在人間的所有問題都反映了自己某種「不寬恕」的心態。

《奇蹟課程》有一句話我非常喜歡，因為它說得一針見血：「你內心所有沉重的負擔，無疑地透露了你的不寬恕。」（W-193.4:1）換句話說，所有外在的煩惱或問題都只是障眼法而已。我們往往以為煩惱來自我們心目中的某些問題，其實那是小我要弄出來的煙幕彈，使我們看不出每一個煩惱都出自分裂信念和缺乏寬恕。為此，我們可以說，人間所有的煩惱與問題，不管是個人的或是整個世界的，解決之道都離不開寬恕所帶來的結

合與療癒。

　　問：能不能談談聖靈與信任的問題，我是否只需依照《課程》所說的「坐下來，把心靜下來……」？

　　肯恩：是的！但靜下來的同時，還要覺察那些讓你靜不下來的念頭。在學習信任聖靈的過程中，最關鍵的是：不要自作聰明，放手讓祂去做；此外，我們什麼都不需要做。〈正文〉的導言說：「本課程的宗旨並非教你愛的真諦，因為那是無法傳授的。它旨在清除使你感受不到愛的那些障礙。」這正是奇蹟的妙用──清除那些使我們體驗不到「自己是上主之子」的種種障礙。為此，它論及「奇蹟」時，反覆闡述的，不外乎化解或修正小我的作為。奇蹟本身什麼也不做，它只是化解。我們愈能靜下來，也就是放下小我，我們就愈能清楚地聽到自己該知道的一切。

第5條原則

奇蹟是種習性，應是無心而發的。它不受意識
的控制。有所揀擇的奇蹟容易受到誤導。

　　本課程的宗旨之一，是要我們學會放下自以為是的
解決方案。我們通常一碰到問題，就想迎頭痛擊，而
擊破問題的方法，千篇一律地，總是自行界定問題，
再自行尋求答案。我們一直急著對問題對症下藥，各個
擊破。正因如此，《課程》一再強調它的目的，訓練我
們用一種嶄新的方式去看問題，幫助我們把這個眼光逐
漸轉化為一種自然反應，也就是「習性」一詞的旨意所
在。例如有人做了某些事情，我們很快就煩躁起來，緊
接著意識到自己火氣上升，這種時候，我們必須一次又
一次「習慣性」地盡快向內在聖靈求助，轉化我們對此
人此事的看法。這就是《課程》所說的，「奇蹟應是無
心而發的」，不是自己刻意做出來的。

　　《奇蹟課程》和新時代思潮有不少相通之處，但有一個觀念使《奇蹟課程》與新時代思潮分道揚鑣，就是《課程》明確指出我們無法單憑自己來行奇蹟。我們最多只能選擇奇蹟，但不是由我們主導，必須靠聖靈的幫助，因此說「奇蹟應是無心而發的」，不受你意識的控制。〈正文〉第二章談到耶穌的指引與自行掌控兩者的區別，他要我們把恐懼、分裂等等念頭全都交託給他，他才有指引我們的餘地（T-2.VI.1:3~8,2:7~10）。容我再提醒一下，別想靠自己行奇蹟，這是耶穌的轄區，不是我們的。我們的目標只是讓自己療癒到某一程度，好讓耶穌透過我們的念頭和言行來進行他的工作。

　　另外，《課程》也無意說，我們在世上從此不再有問題（我是指你心中認定的問題）。它只是強調我們能用不同的眼光看待這些問題。而且，從今往後，我們會習慣性地反問自己：「我能從這件事學到什麼？」漸漸地，那些困擾我們的人事物再度勾起我們反彈時，它的期效會愈來愈短，因爲我們修正知見的速度已經愈來愈快了。

　　問：我們和耶穌之間也可以用「結盟」這個詞嗎？

肯恩：倘若你想用「結盟」來形容你和耶穌的關係，也只能說你的想法已開始和耶穌結盟，而且也正在效法他的思維。如同第一章結尾所說的，這是一部心靈的培訓課程（T-1.VII.4:1），訓練我們用一種完全不同的方式來思考。要知道，這一套思想體系其實非常激進，它的教誨與世界的信念截然相反，甚至和許多宗教或心靈法門的信念背道而馳，然而，我也必須特別強調一下，《奇蹟課程》清楚表明過它不是唯一的法門，意即它不是傳達真理的唯一形式。它只是一種法門，是上千種課程中的一個（M-1.4:1~2），不過它非常特別，你無法將它跟其他學說混雜在一起，因為它必會顯得格格不入。我們愈深入它的內容，就愈能體會它的激進程度。

好，回到原先的主題，這個第五條原則要說的是，我們不該信任自己的知見，對自己所知所見該做何反應也不是我們的事。這麼說，和「有所揀擇的奇蹟容易受到誤導」一語異曲同工。這裡所說的「奇蹟」，是指一般人心目中的奇蹟。它提醒我們不該自行決定該做什麼。比如說，看到某人受苦，我們會本能地想幫助他（如治療或消除此人的痛苦），究竟來說，這未必是真正富有愛心的事。這些行為可能出自憐憫，可能出自內

疚，也可能出自我們自己的痛苦，總之，未必是出自愛。所以耶穌常常耳提面命，讓我們不要自以為是地選擇愛的行動，而要讓他來為你選擇。這一點極其重要，對奇蹟學員或其他心靈法門的修行者來說，尤其容易掉入想要「救慧命、做功德」之類的誘惑，例如為世界帶來和平，為眾生啓示眞理，消除眾生痛苦等等。這些作為其實已經把痛苦弄假成眞了，因為你只著眼於外在的痛苦，毫不明白那些現象純粹是自己內心的投射。如果你看到某個人活得很苦，令你感同身受，那純粹是因為你自己內心早已感受到類似痛苦的緣故。然而骨子裡，這些連環的投射都是同一回事：我覺得自己壞透了，因此，在心理上，我想盡辦法去幫助別人以便抵消我的內疚。換句話說，我已經把罪咎當眞，然後再設法為自己贖罪。

這不是說你應該否定自己眼前的種種現象。如果有人手斷了，痛得哇哇叫，你不該否認這個人正在受苦而置之不理。《課程》只是要你改變自己面對痛苦的眼光，明白眞正的痛苦並非出自於身體，而是出自人心內的分裂信念。如果你想成為他人的療癒管道，你會先與那個人結合，感到自己必須把他帶去醫院，如此，你其

第 5 條原則

實是藉由帶他去醫院之舉與他結合，但你心裡明白，自己所獲得的療癒和他同樣的深。

　　關鍵在於，這個決定不是出自自己的逞能心態。通常，我們存心幫忙他人常會別有用心，也許想把自己的內疚套在別人身上，因而待之以憐憫，但那不是愛。同情別人也不是愛，因為在同情的那一刻，你已經把自己和別人當成兩個不同的生命。〈正文〉第十六章談到，本課程區分了真假感通（同理心）（T-16.I），虛假的同理心是針對或認同對方的身體，不論是有形的身體或是心目中的身體，都表示你已經把對方的身體當真，因而削弱了他的生命。真正的同理心是認同對方內在基督的力量，你一旦明白了這個人呼求幫助其實是在為你呼求的，你們兩人便已超越身體而合一了。

　　請記住，任何強化分裂感的行為，都是我們最需警覺的問題，這就是《課程》和其他法門的療癒觀迥異之處。療癒不是藉由對某人所做的某種作為。本課程認為，真正的療癒不是來自誦經持咒、覆手加持、傳送能量，或諸如此類的種種施為。因為那樣做表示你不但把身體當真，而且你還擁有一種別人所沒有的天賦，這不是真正的療癒。我不是說這些方法毫無幫助，也不是說

不該使用這些方法，我只是必須重申，不要把它們與療癒混為一談，否則你等於在強化分裂，因你暗地裡已經把身體當真了。

世上只有一種真實的能量，那就是聖靈，其他一切能量都是虛妄不實的，落於小我與身體的層次。療癒的能量也唯獨來自我們心內聖靈的寬恕，縱然其他能量在身體或世上顯得好似真實無比，甚至有呼風喚雨的能力。然而，物質世界畢竟徹頭徹尾的虛幻，它的療癒和《課程》所說的毫無干係，真正的療癒來自於你接納了聖靈的眼光而與聖靈結合，從而也自然與他人結合。

容我再提醒一下，什麼該做或什麼不該做，不是出於我們的選擇。唯有聖靈能幫我們選擇奇蹟的表達方式，然後通過我們把奇蹟推恩出去。〈正文〉後面幾章持續發揮這個觀點，不斷提醒我們把小我交給聖靈；同時，也讓我們謹記，把寬恕推恩出去絕非我們的責任（T-22.VI.9:2~5）。這一點，我們經常自以為是，總是企圖靠自己把奇蹟推恩出去，讓自己看來很有愛心、很神聖，暗地裡其實是縱容小我坐大，好取代上主的地位。要記得，我們的責任只是求助於聖靈，用耶穌的眼光看待事情，而非小我的眼光，這是我們唯一的責任，

這也才稱得上是奇蹟。耶穌自會透過我們，繼續把奇蹟推恩出去，他也會明確地告訴我們該做什麼，或不該做什麼。

這就是為什麼不同的宗教門派之間，動輒有那麼多的批判指責，甚至水火不容的原因。它們從未認真去寬恕或化解一己的內疚，只是一味地壓抑下去，然後以一種「僅此一家，別無分店」的姿態（也就是它們特有的宗教形式）投射到外人或世界上頭。我記得，《奇蹟課程》出版不久，我們有位朋友羅列了一大張表格，一一舉出《奇蹟課程》針對《聖經》觀點所提出的修正。他準備把這張清單送給幾位認識的牧師，讓他們看看耶穌真正的教誨。顯然，他是想用《課程》去修理傳統基督教，他這個做法，就跟那些教派以前曾用《聖經》來修理他，完全如出一轍。幸好我們及時阻止了他。總而言之，我們必須敏銳地覺察究竟什麼念頭在心裡作祟，覺察心裡可能產生了與別人分裂的念頭，且認清那必是小我的傑作。我們要時時警覺自己對外在事件的評判，因為只有小我才會根據表相來評判。但話說回來，在同樣的幻相世界裡，確實有些人的境界高人一等，比如耶穌，便是罕見稀有的例子。

問：對我而言，這太難了。身為一位護士，對病人的痛苦必須有敏銳的反應，而且要在緊急狀況作出正確的判斷。

肯恩：這正是我所要表達的。我的意思並不是說，如果你是一位護士，有人渾身是血地衝進來，你卻說：「哦，等一下，我得先靜靜心，問問耶穌我該做什麼。」果真那樣，就太沒愛心了。我要說的是，只要你已決心信任耶穌，便放手讓他透過你作出正確的選擇，然後安心去做就對了。比如我在辦公室和人會談，我不會每十五分鐘就停下來說：「等一下，我得先問問老闆，才能告訴你要做什麼，或該做何想才好。」我只是坦然信任我的反應，信任我所說的全都來自於耶穌，而非我的小我。在這同時，我會盡量覺察自己的感覺和念頭，如果我感到某個想法很可能來自於小我，而非耶穌，當下就請他幫我放掉那個想法。我專注的焦點不是自己在說什麼，那樣反而很容易被自己卡住，什麼都說不出來了。我關注的是如何讓自己放手，不讓小我從中攪局。

問：那麼，如果我把手放在病人身上並為他祈禱，也是同一回事囉？

肯恩：我不是說你不該那麼做。

問：你不是說，那種舉動是在強化小我嗎？

肯恩：未必！這仍要看你的用心何在。如果你爲別人覆手加持，對他眞有幫助，那樣做倒也無可厚非；只要你心裡明白，你僅僅是藉此形式，讓聖靈把你和那人結合起來，如此而已。覆手加持這個動作本身無法療癒任何人，萬一你的手斷了，或四肢麻痺，那怎麼辦？是不是意味著你就無法療癒和幫助別人了？當然不是。所以重點不在於覆手或不覆手這類形式，而是你賦予這些形式什麼意義。

在〈正文〉第二章「療癒是由恐懼中解脫」那一節裡有幾句話專門談到療癒與怪力亂神的區別。凡是由身體層次去解決問題的任何作爲，都屬於怪力亂神，因爲它認爲問題出在身體，才會對身體痛下針砭。不論是傳統醫藥還是新時代療法，覆手加持或誦經持咒也莫不如此。不過，這並不表示那些行爲有罪。「*救贖的價值是無法靠它所呈現的形式來衡量的*」（T-2.IV.5:1），這句話當中的「救贖」指的是對小我的修正，意即救贖的原則與結合是同一回事，只因分裂是小我立足的基地，所

以我們必須強調救贖的價值或結合的原則,而不在於它所呈現的外在形式。《課程》說:「事實上,若要真正發揮大用,它必須以最有利於領受者的形式出現才對。也就是說,奇蹟必須按照領受者所能了解而且不害怕的方式呈現,才可能功德圓滿。」(T-2.IV.5:2~3)

如果有人前來求助,他相信你把手放在他身上,為他祝禱加持,他就會痊癒,你當然應該這麼做。就像倘若我相信外科醫生割除我身上某些東西,我會比較安心,那麼,我也應該這麼做。如果別人相信你唸某個咒對他們有用,那麼你就唸吧。但《課程》要你認清,那些行為下面的內涵其實與形式無關,形式的功能十分有限,關鍵還是你此舉背後的意義,也就是你與對方的結合心態。聖靈並不在意你以何種方式與人結合,既然我們活在一個象徵性的世界與身體的世界裡,就不能不依賴象徵(例如我們的身體)。〈頌禱〉一文還進一步說,你若相信自己擁有某種療癒的天賦是別人(例如靈性治療師或醫生)所沒有的,你就已經誤入歧途了。(S-3.III.1~3)

凡上所言,並不是要你放棄目前所做類似的事,聖靈大概也不會做此要求。祂只會說,切勿認為你所做的

事有什麼療癒性，因爲你一旦這麼認爲，等於聲明這個世界有個東西是眞的——你的某句話具有神力。但是，「話」不可能有任何力量的，你說的話也屬於一種妄造。《奇蹟課程》如是說：「語言只是象徵的象徵。因此，它離眞相有雙重之隔。」（M-21.1:9~10）

克里希那穆提有一個頗具創意的解釋。他說，你若想把某件東西變得神聖，不妨作一個小小的實驗：把那件東西放在壁爐上，每天到它前面獻花上香，唸誦禱詞，不論是「平安吉祥」、「可口可樂」或任何你喜歡的咒語都好。三十天之後，那件東西在你心裡就會變得異常神聖，這不是因爲它本身具有什麼神聖性，而是因爲你相信它是神聖的，是你賦予了它神聖性。

這就是爲什麼這一原則對整部課程如此重要。世上沒有任何一物本身具有神聖性，因爲整個世界都是虛無的，全是心靈投射出來的產物。某物之所以神聖，是因爲我們賦予了它神聖性。如果我們相信世上某人或某物具有特別的力量，也是因爲我們賦予了他這一力量。究竟而言，世上唯一眞實的力量是人人本具的，即是人心內的基督大能，而所有的人都平等地享有這一能力。你一旦相信世上某些東西比較神聖或有力量，就是宣告幻

相具有不同層次，也就是無明法則的第一條所說的「真理因人而異」（T-23.II.2:3）。

這一條之所以成為無明法則之首，是因為其他法則都由此而生。《奇蹟課程》也不例外，這部書唯一神聖之處是它能拉近你與上主的距離，但任何東西都可能產生這一效果，因此《課程》本身並不神聖。人們有時會懷著敬畏之心接近這部書、觸摸它，甚至對它頂禮膜拜。這樣做並無何不可，也挺有趣的，其實他們是把自己心內的某些東西投射到這部書而已。

這個有形的世界其實一無所有，純粹是虛無。這就是〈練習手冊〉前面幾課要你明白的：世上的一切都不具任何意義，它唯一的意義是你自己賦予的。如果賦予意義的是你的小我，那麼它就不具任何意義；但如果是你內的聖靈賦予的，那它就深具意義。再說一次，我無意要你放棄世上那些對你仍然有用的象徵物或形式，《課程》也絕無此意。它只是要你明白，那個形式之所以對你有用，是因為你相信它有用，耶穌或聖靈乃藉此形式教你明白所有的意義都在上主；這才是奇蹟的真實作用，它徹底扭轉了小我誤以為「外在的某事某物（無論是問題本身或解決方法）是真實的」那個錯誤信念。

奇蹟教我們明白，只有我們賦予事物的功能才是真實的，最終來說，那一切功能仍是來自上主。總之，聖靈可以利用世上任何事物來拉近我們與上主的距離。

問：請再講清楚一點。

肯恩：這一點很容易走偏，很多奇蹟學員也都誤解了它。怪力亂神不能給你真正的療癒，這並不表示怪力亂神之事都是邪惡或有罪的。只要活在世上，你就避免不了怪力亂神；在世界中，每一件事都可說是怪力亂神。說到極致，連這部課程也是怪力亂神，然而，你賦予它的目的可以將它轉化為一個奇蹟。

問：日出、日落，還有你，都不是真實的嗎？這些難道不是上主的造化？

肯恩：都不是。日落唯一的真實價值，在於聖靈能利用它來喚起你對上主的記憶，但日落本身是虛幻的。是什麼造成日落？顏色嗎？上主沒有創造日落、太陽或這個世界。這個世界是小我的妄造。也就是說，世界是我們造的，有些東西我們造得看似美好，例如日出日落，可是有些地方的烈日可以熱死人，就稱不上美好了。滋潤青草的微風細雨，我們造得很好，一旦變成狂

風暴雨，洪水氾濫，就成了大災難。世上的每一事物都是兩面刃，僅由這一點，你就知道這些不可能是上主的創造。

　　一言以蔽之，上主是靈性，祂的延伸或創造之物必然肖似祂。身體或形式不肖似祂，所以不可能是祂的創造，而是出自小我。身體只是分裂之念投射出來的結果罷了。

　　問：是否先有小我，才有身體？

　　肯恩：是的。先有分裂之念以及相信自己能夠與上主分裂的信念（這就是小我），當這分裂之念投射到心靈之外，就出現了世界和身體。

第 *6* 條原則

奇蹟原是最自然不過的事。當它匿跡不現時，
表示你的生活出了問題。

《奇蹟課程》告訴我們，在世上活得心安理得而與
上主合一，原是最自然的存在境界，因為平安只可能
來自我們心內的聖靈。反之，世上最不自然的，莫過
於那些抵制自然的存在境界，例如憤怒、衝突、沮喪、
失落、內疚、焦慮等等狀態，均非我們的自然本性，因
為它們與我們身為上主之子的天性互相矛盾。在這個世
上，只有平安、喜樂，以及合一的心境，才能反映出我
們的真實身分，那才是我們的本來天性。

這條原則裡的「奇蹟」一詞，可理解為「由我們心
內聖靈延伸出去之物」，每當奇蹟匿跡不現，就表示生
活出了問題，這是因為我們的小我在從中作梗，使我們
意識不到自己的真實面目。

問：你先前提到不會有人比另一個人更為神聖，開始我有些困惑，不過，現在聽你這樣說，我好像茅塞頓開了。的確，和某些人相處時，我們只會感覺一種臨在，一種盎然的生機，因為他們自己已經和上主合一了，我想，那就是所謂的「聖人」吧。

肯恩：那僅僅意味他們體驗自己神聖性時所面臨的障礙比別人少而已。就此世來說，是有此可能。不過，第一章的後面，耶穌談到自己時說，他和其他人並沒有兩樣（T-1.II.3:5~6）。他的神聖性不會多過或少於任何人，唯一不同的是，他穿越小我的速度比我們這些人都快一些。可以說，在時空世界裡，他和我們不同，是因他已沒有小我在作祟；然而在永恆境界中，他和我們全然相同。這就是為何他會說，對他懷著敬畏是一種錯誤的心態，敬畏之心只應朝向比我們偉大的生命，也就是上主，祂才是我們理當敬畏的對象，只因祂是我們的造物主。但對耶穌，我們無需心懷敬畏，他跟我們是平等的生命，也僅僅比我們聰明一點點，如此而已。因此，我們雖應該向他求助，但卻無需敬畏。

問：以此類推，我們在別人身上看到或感受到的神聖性，所反映的不過是我們自己內在的神聖性。是嗎？

　　肯恩：說得很好，但請當心，每當我們把某人看得無比神聖，通常都暗藏一種貶低自己的心態。我們在說這人如何如何比我神聖時，事實上，多少就是如此居心的。這是一種錯誤的心態，《課程》指出，這就是我們設法把耶穌變得「比任何人都偉大」的原因。宣稱耶穌是上主「唯一」的聖子，表面上好像在說耶穌多麼完美聖潔，其實反而凸顯了人們自認汙穢不堪的心態。換言之，那些聲明並不是針對耶穌的看法，而是在陳述我們對自己的評價。我們自認罪孽深重，因此必須把耶穌塑造得和我們大不相同，我們才會好受一點。也因此，《課程》會再三重申，耶穌和你我沒有不同，我們都一樣，我們也都是基督。

　　耶穌和我們唯一的區別是，他已經認出了自己的真實身分，他就是基督，且願幫助我們認出自己也是基督。《課程》要我們特別當心，每次我們標舉某些人比較高明，比較神聖，或比較有靈性之際，其實是在塑造所謂的「靈性特殊性」。那樣做，不只是暗中貶低自己，同時又強化了「我們是分裂的」這個信念；同理，認為自己比別人更有靈性，也是同等的謬誤。

第 *7* 條原則

奇蹟是每一個人的天賦權利,但你需要先淨化
自己的心靈。

「淨化」一詞是猶太教和基督教常用的詞彙,但在
《課程》中並不多見,它之所以出現於此,是因為《課
程》的前面幾章數度引用了《聖經》的說法。海倫非常
熟悉《聖經》,特別是〈新約〉,因此,耶穌借用「淨
化」這個詞彙來幫她跨越鴻溝,如此而已。但請注意,
《課程》所謂的「淨化」,與身體毫無關係。

問:你說海倫很熟悉《聖經》,尤其是〈新約〉,
是因為她研讀過《聖經》嗎?

肯恩:海倫熟悉《聖經》,緣於她喜歡閱讀,喜歡
《聖經》優美流暢的文筆。她的文學品味極高。說起
來,海倫對基督宗教又愛又恨,尤其是天主教,她內
心某部分深受天主教和〈新約〉的吸引,甚至能順口引

用整段的章節。她對天主教和新約主流教派的經典和教義也毫不陌生，不過她從未正式上過《聖經》的相關課程。

我剛剛說，《課程》裡的「淨化」與身體無關，是因為身體並不汙穢，根本無需你去淨化或修理。既然它是虛幻的，你又何需在那上頭浪費功夫？真正讓身體變得有罪、汙穢或邪惡的，其實是我們的念頭，所以需要淨化的是我們的念頭，而非身體。《課程》絕不要你從身體下手，淨化身體的苦行也絕不可能成為《課程》的修行方式，這就是為何《課程》要一再強調，需要淨化的是心靈。聖奧古斯丁說過「只要有愛，便能隨心所欲而不逾矩」，心中有愛，無論你做什麼都成了愛的延伸。倘若你老聚焦於身體，老為它操心，那就完全搞錯了對象。問題不在身體。你需要操心的是內心的念頭，是你的內疚之念。

《課程》說「奇蹟是每一個人的天賦權利」，它是在提醒我們，奇蹟是為我們每一個人而設的。這句話還有另一個重要含意：行使奇蹟並非某些人的專長或特權。傳統宗教所犯的一大錯誤就是將靈性的力量或特質僅僅賦予某一類人，其他人則全然望塵莫及；只有某種

人有能力施展奇蹟，其他人一概無此能力；能施展奇蹟的才算聖人，就是那些得到宗教機構青睞的少數人才配做某些事情，其他人則不配。《課程》剛好大異其趣，強調人人都能行奇蹟；事實上，每一個人也都該行奇蹟才對。所謂「奇蹟」，並不是把紅海分開或在水上行走，而是將小我的知見轉變為聖靈的慧見。這才算是道地的奇蹟，而且它是每個人的天賦權利。也就是說，任何人都能成為聖靈或耶穌的工具，以最有用又最合乎愛心的形式，將祂們的愛透過自己推恩出去。因此，我們的焦點不應放在奇蹟的外在形式，而應著眼於清除所有妨礙我們體驗到奇蹟（也就是愛之臨在）的障礙。這些有待清除的障礙就是分裂與內疚之念，而淨化這些念頭的方式則是請求聖靈透過我們來寬恕。

問：你怎麼判斷或評估奇蹟學員有沒有進步？

肯恩：除了對我自己以外，我不會去評估任何人的修行進度；而我進步與否，全看自己內心平安的程度 —— 我們日常生活中絕不缺乏這類美妙的評估工具的。比如幾年或幾星期前會激怒你的某件事，或曾經讓你一見就火冒三丈甚至不寒而慄的某個人，於今突然出現眼前，然而，這回你居然可以和那人相處，而且還覺

得平安無事，就表示你已經大有進步了。企圖評判別人的修行永遠大錯特錯，《課程》曾說過，我們往往把自己最大的進步視為失敗，而把自己嚴重的退步評估為進步（T-18.V.1:6）。它其實是委婉地提醒我們，我們根本不知道究竟怎麼回事。如果我們連自己都不清楚內心發生了什麼，又怎麼可能知道別人心裡的狀態呢？

第 8 條原則

奇蹟具有療癒作用，因它能彌補某種欠缺，使
一時比較富裕的得以彌補一時比較欠缺者之所
需。

第八條原則開始介紹「欠缺」（lack）的觀念，這
是《課程》常用的術語，它由此觀念歸納出一個「匱乏
原則」（T-1.IV.3;T-4.II.6）：「內疚」之感讓我們覺得自
己裡面有個東西不見了；小我當然不會告訴我們，我們
失落的其實是上主，因為上主已被排除在小我體系之外
了。這就是《課程》所說的「匱乏原則」，欠缺感即由
此衍生，而有所欠缺的信念即源自小我對分裂世界的信
念或知見。這條原則旨在說明，奇蹟如何修正了欠缺的
信念。奇蹟向我們顯示我們彼此並非互不相干的個體，
我們其實是一體的生命，這合一之境恰恰反映了基督的
完整一體性。換言之，內疚妨礙了我們憶起基督的富
裕，奇蹟則會幫助我們卸除內疚的重擔。

　　「奇蹟具有療癒作用，因它能彌補某種欠缺」，這
兩句話再次顯示《課程》的用語有時未必精準。因為在
另一些章節它又提醒我們「不要彌補欠缺」，否則就表
示確實存在一個有待彌補的欠缺，如此一來，就把這個
欠缺弄假成真了。幸好《課程》後面作了澄清，比較精
確的說法是，奇蹟修正的是欠缺的妄見（即感到有所欠
缺的信念），而這才是奇蹟的真正作用。

　　「使一時比較富裕的得以彌補一時比較欠缺者之所
需」，這句話真正的意思是，當有些人一時落於妄念而
感到匱乏，此時，唯有活在正念的人才能施展奇蹟。
「一時」二字在此極其關鍵。〈正文〉第二十七章也重
申了第八和第九條原則的觀點：療癒者一旦放下恐懼，
療癒就發生了（T-27.V.2:7~14）。然而，這並不是說療
癒者永遠都沒有恐懼，我們其實永遠都在兩極之間來回
擺盪，重點是在放下攻擊而選擇了療癒的那一刻。〈心
理治療〉一文提到，治療師應該比他的病患領先一兩
步（P-2.III.1:1）。話雖如此，每個治療師其實心裡都有
數，自己未必做得到，更別提領先多少步了。此刻，我
順便再提醒一下，此處所用的「奇蹟」一詞，是指某個
人所做的某件事，屬於有形可見的行為層次。

第 *9* 條原則

奇蹟好似一種交易。這種交易就像所有具體的
愛一般神奇，足以扭轉人間一切的自然律。奇
蹟能帶給施者與受者更多的愛。

　　小我對「施予」的看法就是：我給了你某物之後，
我就不再擁有此物了。一旦給了你，你就多了一點；
相形之下，我當然就少了一點。對小我來說，施予永
遠都是有量可計的，不管是物質的，或心中的念頭都是
如此。投射之所以會發生，最根本的動機即在於：我把
自己的內疚丟給你，我就不再受其苦，而你就慘了；同
理，我若把某個想法丟給別人，別人遭殃，自己就能順
勢脫身了。

　　奇蹟扭轉了這種心態，它說，我們若是一體的，我
每給出什麼，自己便會收到什麼。既然外面什麼也沒
有，那麼我給出的就不是外在之物，而是我心內之物。
如此說來，給予等於鞏固自己原有之物。倘若我藉攻

擊和投射把內疚轉嫁於你，我其實更加強化了自己的內疚。反之，我給出的若是愛，我便鞏固了「愛在我內」這個事實，而這個神聖的臨在就是聖靈，祂是真正給出愛的那一位。所以，我們接受的正是自己給出的——施與受是同一回事——這正是《奇蹟課程》的基本教義，〈練習手冊〉便有好幾課的練習根據這個原則來發揮（W-108,126），整部《課程》更是不遺餘力反覆論述這個原則。

由此看來，奇蹟成了一種交易行為——我讓聖靈的愛透過我而推恩給你，不只肯定了你是聖愛之子的身分，同時也鞏固了我的真實身分，你我雙方都在此過程中獲得了療癒。

這個觀念可說扭轉了世界或小我「給出越多，自己就越少」的論調，也徹底顛覆了人間的自然律。我們越常選擇奇蹟，就越能成為奇蹟的工具，也越能受益於奇蹟。我們給出越多的愛、療癒和寬恕，就會得到越多的愛、療癒和寬恕。聖方濟（St. Francis）的祈禱文美妙地傳達了這個原則〔譯註〕。

〔譯註〕聖方濟的祈禱文：

> 主啊！讓我成為祢締造和平的工具：
> 在仇恨之處，播送愛心；
> 在傷痛之處，給予寬恕；
> 在疑慮之處，激發信心；
> 在絕望之處，喚起希望；
> 在悲苦之處，散佈喜樂；
> 在黑暗之處，放射光明；
> 神聖的導師！
> 願我不求他人安慰，只求安慰他人；
> 不求他人諒解，只求諒解他人；
> 不求他人愛護，只求愛護他人；
> 因只有在施予時，我們才能接受；
> 在寬恕時，我們得到寬恕；
> 在死亡時，我們生於永恆。
> 阿們。

第 *10* 條原則

凡是利用奇蹟來炫人眼目、誘發信仰，表示他
已誤解了奇蹟的真正目的。

和第九條原則相同，這裡的「奇蹟」也是採用了一
般通俗的含意，比如行善助人、往自己臉上貼金，或是
炫耀特異功能，顯示自己高人一等，或比別人更神聖、
更聰明、更厲害、更慈悲，凡此等等，不勝枚舉。這些
都只是濫用我們的天賦或能力去滿足小我，而不是在為
聖靈效力。

問：就有形的層面來講，身體方面的治療若是出自
真愛而非小我，這種有目共睹的結果仍不算是奇蹟嗎？

肯恩：沒有錯，這樣不算是奇蹟。奇蹟是針對你心
內的「合一」心態，從這種心態開展出來的結果才可以
視為「奇蹟效應」，因為心靈是唯一出問題之處，所以
奇蹟也只可能發生在心靈內。也就是說，奇蹟是指一個

人藉由與聖靈結合而與他人結合的那個「決定」；隨此決定而來的一切善果，便可稱為「奇蹟效應」。

　　釐清這一分別，極其重要，否則我們會過於注重外在（即奇蹟的表面效應）而誤入歧途。一旦看不見這些效應，我們會覺得事情出岔了，更嚴重的是，我們會覺得是自己出了問題，失敗了，這是療癒者最容易掉入的陷阱——經過長期的療程，他們和療癒的對象逐漸發展出一種「特殊關係」，甚至完全依賴那些病患建立自我價值感。這或許就是何以在所有的專業團體之中，精神科醫生自殺率最高的原因。如果病患沒有好轉，或沒有達到治療師心目中「好轉」的標準（而病患總是找盡藉口，辜負治療師的期待），治療師就認定自己失敗了。日積月累下來，挫敗的壓力變得難以負荷，自殺遂成了唯一的解脫途徑。

第 11 條原則

祈禱是奇蹟的媒介。它是受造物與造物主之間
的交流管道。愛必須透過祈禱，才接收得到；
愛也必須透過奇蹟，才會具體呈現。

　　這條原則介紹了「祈禱」的觀念，《課程》裡很少
提到祈禱，當它提到「祈禱」一詞時，有不同階段的
含意，最初的階段如同一般人的用法，比如針對某些
事或某些人的祈求請願。下一個階段如〈正文〉第三章
所說：「只有祈求寬恕才算是有意義的祈禱，因為已受
寬恕的人擁有一切。」（T-3.V.6:3）一個人若針對身體的
層次祈禱，不管是為了自己或別人的身體，就已經把身
體和這個世界當真，因而掉入了小我的陷阱。我先前說
過，那樣祈求無異於指點上主祂該怎麼做。你告訴上主
「這是我的問題」，或者「這是我要祢去解決的問題，
現在我希望祢這樣做」，這是小我自大地篡奪上主之位
的另一個例子。

　　所以《課程》才會說「只有祈求寬恕才算是有意義的祈禱」，我們應祈求的是，如何從小我的思維轉成聖靈的思維，使我們的心靈獲得療癒。實際上，這就是我們那個小小願心的任務所在——祈求聖靈幫助我們以祂的眼光（而非我們的知見）來看世界。

　　記住，聖靈不勞你指點該將祂的奇蹟或愛推恩到何處，我們需要做的只有一件事，就是「放手讓祂去做」，這其實就是「寬恕」之道，因著我們的寬恕，祂才能透過我們而大展其能，把我們當成祂救恩的工具。〈頌禱〉一文把祈禱比喻為一道階梯，最高的一層即是「神祕祈禱」，或者說，一種與上主交流無礙的經驗，其餘的階梯都是為此經驗做準備的。它從祈求東西或為別人祈求開始，然後進展到認清我們不是為了別人，而是為自己在祈禱的。話說回來，《課程》提到「祈禱」一詞時，最初階段的含意雖然像傳統宗教一樣，是指「祈求改變外境」的層次，但這顯然與它下一階段「祈求寬恕」的祈禱觀大不相同。

　　比如說，這一條原則所說的「祈禱」，反映的即是最高階段的祈禱，亦即透過聖靈與上主連結的一種經驗，唯有這種祈禱才能成為「奇蹟的媒介」。它將我們

的意願與耶穌或聖靈的旨意結合起來，祂們的奇蹟因此
才能透過我們而發揮作用。

　　大致說來，《課程》僅在第一章談到「啓示」，當
它說祈禱是受造物與造物主之間的交流管道時，就是指
啓示境界。但它又對啓示與奇蹟作了釐清，啓示是與上
主合一的短暫經驗，但那並非《課程》的重點，也因
此，後文並沒有繼續深入闡述。奇蹟是啓示的對比，是
你與聖靈連結從而與所有人連結的一種經驗。〈正文〉
這麼說：「啓示能促成你與上主的契合。奇蹟則促成
你與弟兄的契合。」（T-1.II.1:5~6）啓示的經驗固然美
妙，但畢竟不是《課程》的精華所在。至於「愛必須透
過祈禱，才接收得到；愛也必須透過奇蹟，才會具體呈
現」，這幾句話是說，我們先體驗到上主之愛，進而讓
聖靈透過我們將那愛延伸出去。因此，它的目標是要我
們淨化心靈，滌除所有的障礙，成爲聖靈之愛暢通無阻
的管道。

　　問：果然如此，你又要如何解釋〈練習手冊〉下篇
那些直接向天父發出的禱詞？

　　肯恩：這是《課程》用字遣詞前後不一致的另一例
證。我們都知道，《課程》在別處很清楚地說，上主根
本不知道這個世界，也不知道沉睡的聖子在天心之外所
作的夢（T-4.II.8；T-18.VIII.4,6）。據此而論，對上主祈
禱實在沒有什麼道理。不過，就如我們之前說過的，
《課程》的表達形式有欠嚴謹。那些禱詞裡的「上主」
其實是指「聖靈」，也就是「上主的天音」。同樣的，
在〈頌禱〉的結尾，它用第一人稱指稱上主。所以說，
《課程》其實是讓讀者選擇自己喜歡的稱呼，不論你呼
求上主、聖靈、基督或耶穌都無所謂，只要你覺得安心
便好。

第 *12* 條原則

奇蹟屬於一種念頭。念頭可以表達較低層次或
是身體層次的經驗，也可能表達出較高層次或
靈性層次的經驗。前者架構起一個物質世界，
後者則創造出靈性的境界。

這一條原則非常重要。所謂「奇蹟屬於一種念
頭」，是指從小我之念到聖靈之念的轉變。說奇蹟是一
種念頭，只因世間萬物都出自念頭；除了心念之外，沒
有任何一物存在，而奇蹟正是修正或化解小我分裂之念
的那種念頭。

先前我談到「第一個層次」，這一條原則即屬此
例。整部《課程》可以分成兩個層次來了解，第一個層
次指《課程》思想體系的形上學基礎，一切不是眞的就
是假的，不屬於上主就屬於小我，完全沒有灰色地帶。
第二個層次是《課程》對物質世界的解說，它在小我與
聖靈對世界的看法之間作了一大分野。

　　這一條原則是針對第一個層次而發的，它把念頭分為兩類：一是小我的念頭，世界基本上就是小我的念頭造成的，另一則是聖靈的念頭。這也是《課程》首度提到「妄造」與「創造」的區別——聖靈「創造」而小我「妄造」。後文還有詳細的解釋（T-3.V.2,3）。「創造」一詞，通常指向靈性的活動，與世上任何事物無關，也沒有相似或相通之處。在這一層次，我們的念頭，若非屬於靈性的創造，就是屬於小我的妄造。

　　第二個層次的妄造又可分爲兩類，但與此處所談的無關。一種是小我妄念之心的妄造，它不只妄造出這個世界，而且還妄造出整套思想體系，鞏固小我分裂的應世心態。另一念頭來自「分裂之心裡仍屬於聖靈正念的那一部分」，這些念頭能化解小我的分裂。總而言之，只有兩種處世的方式：一是小我的方式，另一種是聖靈的方式，兩種都是虛幻的，因爲它們都在第二層次運作。這一原則所強調的「奇蹟屬於一種念頭」，是取代小我之念的修正性念頭。也可以說，奇蹟反映了天國境界中創造或推恩的原則，但說到究竟，奇蹟本身還是幻相，因爲它運作於幻相世界，它所修正的也是根本不存在的幻相。

第 *13* 條原則

奇蹟既是開始，也是終結，因此它能夠調整世
界的時間律。奇蹟始終在為重生的可能性背
書；重生狀似回歸，其實它是向前。它能在
「現在」化解「過去」的一切，因而也解放了
「未來」。

我必須用圖表（請見下頁）來解釋這個原則。我們
不妨把「時間」想成一張地毯，它象徵我們所經驗到的
整個世界。奇蹟的功能就是針對人世經驗的某些特定面
向，也就是建立在分裂的信念或我們的內疚之上（這既
是世界萌生之處，也是世界終結之處），它把我們必須
面對的問題集中並濃縮在這塊區域。

例如說，如果我們陷於特別棘手的關係裡，奇蹟會
幫我們聚焦在那個關係上頭，然後寬恕那個關係。為
此，奇蹟成了這一事件之開始，同時也是它的結束，只
因奇蹟限定了問題的內容。每當我們治癒一個問題，比

時間地毯

上主 基督	眞實世界 美夢	小我—內疚 ——▶
		世界—身體—形式—時間
		◀—— 聖靈—寬恕

如寬恕了最難纏的某號人物，或眞正放下使我們陷於對
立、恐懼、焦慮、內疚等等的某一事件，此時，意味著
整個時間的面向都壓縮了，這就是「奇蹟調整時間律」
的意義所在。

　　《課程》說，就在分裂的那一刻，所有的時間、整
個世界的進化都同時開始了（T-26.V.3）。在那一刻，我
們相信自己與上主分開了，就像突然冒出一張巨大的時
間地毯。在這張地毯上，演出了整個世界的進化，包括
過去、現在與未來的所謂時間。

　　《課程》又說，在分裂好似發生的同一個時刻，上
主創造了聖靈，化解了造出這張地毯的那個信念。換句
話說，在「分裂」發生的那一刻，它就同時被修正了。
問題是，我們仍相信所活的這個時空世界是眞實的，不
是一個夢。這就是爲什麼《課程》把聖靈說成天音，祂

是上主延伸到這個夢裡的聲音，以便將我們由夢中喚醒，而整個世界的進化都是這夢的一部分。

在這個夢中，小我將時間切割為過去、現在與未來，捏造出一個線性時間的概念，讓我們對「夢境＝現實」深信不疑。這正是了解《課程》的時間觀與奇蹟觀最難跨越的一關。無始以來，我們的心念已被線性的時間觀所禁錮，不可能看穿時間其實是「全像」的（也就是量子物理學的理論模型）。「全像學」告訴我們，部分包含了整體，也就是說，不管你的表意識相信什麼，每個人的心念都包含了整個小我的歷史，不只是地球，而且是整個物質宇宙的歷史。這個概念的確令人難以置信，因為心靈（其實已經淪為大腦）早已被困鎖在自己造出的時間架構之下了。

事實上，我們每時每刻都在選擇經驗這個「全像」的某一部分，或者說，我們的心靈無時無刻不在選擇經驗整個夢境的某一部分。這就是《課程》所說的「我們只是在經歷一個已經寫好的劇本」（W-158.3,4）。世界本身就是那個劇本，聖靈從來不曾編寫劇本，也沒有任何一件世間事物是聖靈導演出來的。聖靈只是進入這個劇本與我們聯手，教我們用另一種心態看待這個劇本。

〈練習手冊〉也說：聖靈「就是奉造物主及其聖子之名而寫出救恩劇本的那一位」（W-169.9:3）。

救贖的劇本不過是把小我的劇本翻轉過來。小我劇本的目的在於鞏固分裂的信念，聖靈則借用這個劇本，也就是我們經驗中的一切關係與事件，幫我們了解我們不是分裂的。祂把這個世界當成教室，小我則把這個世界看作監獄。這是同一個世界，但是小我的看法會使我們深陷世界而渾然不覺，聖靈則幫我們從世界脫身。

把我們困在這張地毯上的是內疚，故也唯有擺脫內疚，我們才可能由時間的地毯脫身，這就是寬恕的大用。《課程》一再向我們保證它可以節省時間，例如〈正文〉十八章，耶穌說只要我們照他的話好好練習，必會幫我們節省時間（T-18.VII.4~6），而且是「足以取代千百年的學習過程」（T-1.II.6:7）。

《課程》僅有一處具體談到輪迴或前世的問題，不過並沒有採取任何立場（M-24.3:1）。然而，它確實在很多地方暗示我們並不是第一次來到人間。當它說我們可以省下千百年的時間，其實是說我們可以省下多生多劫的無量歲月。這表示，如果在某些關係中，我們有嚴重

的內疚問題，而我們的所作所為又不斷強化自我怨恨與分裂的信念，在一般的時間觀下，我們可能需要十世以上的時間來解決那些內疚的問題，不斷反覆投胎，直到徹底解決為止。但如果我們決心解決這個難題（通常就是那些世間極度難纏的特殊關係，或充滿痛苦、煩惱和艱辛的處境），只要我們能夠用不同的眼光去看待，明白自己不是他人也不是自己的受害者，那麼只需一世，我們就可以徹底化解問題。這就是《課程》說我們可以節省時間，或省下「千百年光陰」的意思，也是「奇蹟可以改變時間律」的深意。它不會廢除整個時間的存在，那不是奇蹟的目的，它只是瓦解我們為了要消除那深不可測的內疚原本所需的大量時間而已。

當然，我們未必了解，甚至未必同意這類形而上的時間觀。然而，一旦你陷入又困難又痛苦的處境時，你就不能不認清那個處境蘊含著另一個目的——你可以學到不把自己看成「受害者」。你學到什麼程度，你所有的內疚就會療癒到什麼程度。奇蹟就是這樣幫你節省時間的。

問：我大致了解你所說的，但若由「集體性小我」的角度來看，實在很難說得通。小我包含了許多部分，

有些部分回頭是岸，彷彿在捲起時間的地毯；有些則愈走愈遠，宛如把地毯拉得更長。如此這般地，進一步退兩步，到頭來，這張地毯怎麼可能完全捲起來？

　　肯恩：《課程》說：「但最後的結果必如上主一般屹立不搖。」（T-2.III.3:10；T-4.II.5:8）在幻相之中，確實需要無比漫長的時間沒錯，但《課程》也說，世間的恐懼深不可測。

　　問：它會永無止盡地延續下去。是這樣嗎？

　　肯恩：看似如此。海倫當初開始接收訊息時，耶穌曾簡單針對世上看似可怕的處境，作了簡短的描述和解釋，他提到一個天界的協助計畫可以加快轉化的速度。他說，有些人被請回人間，為此計畫提供一己之長，幫助別人快速改變心靈。

　　《課程》即是這計畫的一部分，海倫和比爾所扮演的角色則是將之帶入人間，幫助人們加快改變心靈，同時，《課程》也完全合乎我們這個時代的需要。可以說，這是個欠缺基督精神的基督教所控制的時代（雖然近二十年來有不少的改變），是個心理學盛行的時代。最重要的，這是個相信「攻擊才有救恩」的時代，再沒

有比這更瘋狂的想法了，人們竟然相信追逐一己的利益
（不論是個人關係或國際關係）才可能逃離地獄！更有
甚者，我們活在一個權威和傳統價值飽受質疑的時代，
不論在政治、宗教、科學、社會或教育方面，各種新觀
念紛紛出籠。難怪很多人把《奇蹟課程》看成新時代的
一部分，儘管它的訊息遠遠地超越了新時代的思想，它
其實更貼近古代的靈修傳統。

問：時間既然不存在，又何必加速呢？

肯恩：話是不錯。然而，假設你的孩子正在作噩
夢，你知道那只是一個夢，眼看著孩子在夢中受苦，即
使你明知夢不是真實的，但身為父母，你一定會想法子
讓孩子少受一點苦。這正是聖靈或耶穌的心態。即使我
們的痛苦不是真的，只要我們仍然相信它是真的而深陷
其中，祂還是會設法幫我們脫離痛苦的。

問：可以談談內疚是從哪兒來的嗎？

肯恩：內疚的根本源頭是我們相信自己侵犯了上
主，存心與祂分裂。這就是《課程》所說的罪，類似
「原罪」的觀念。只要我們相信自己攻擊了上主且與祂
分裂，我們不可能不感到內疚的。內疚是一種心理經

驗，不斷提醒我們確實犯了罪。隨之而來，我們開始恐懼上主會報復，因為我們攻擊了上主，祂理所當然會懲罰我們。這便是小我思想體系的核心。世間所有的內疚都源自於此：我們相信自己迫害了上主，然後把這個信念投射到生活情境中，相信我們迫害了別人，隨之又倒轉過來，認定是別人在迫害我們。

問：《課程》不是說如果你寬恕了一個人，你就寬恕了所有的人？

肯恩：是的。既然一切困境都源於內疚，如果你真的完全寬恕了一個人，等於寬恕了所有的人，因為究竟來說，他們全是同一個問題。

問：就像保齡球，打倒了一號球瓶，其他球瓶就會全倒。

肯恩：嗯，這是很好的比喻。〈練習手冊〉第一百八十二課說得很美：「我願安靜片刻，回歸家園。」隱約暗示我們可以在彈指間結束旅程，回歸家園。問題是，小我思想體系內的恐懼如此之大，那恐懼基本上是對愛或對上主的恐懼。小我一再警告，如果你真的放下這些恐懼，上主會徹底毀滅你，於是嚇得我們不敢安靜

片刻，因此也回不了家園。理論上，我們做得到，因為全部問題都是同一個問題。然而，只因我們的恐懼如此巨大，我們只敢一小塊一小塊切除恐懼，而《課程》只是教我們快刀切除而已。

問：恐懼始終藏在潛意識底下嗎？

肯恩：它是無意識的，我們必須把它壓到潛意識之下，才能忍受這麼巨大的痛苦。

問：偶爾，我會有某種感覺，好像事情並不如自己所想的那麼嚴重；某個層次的我好似在說：「別這麼認真！」

肯恩：完全正確。《課程》談到分裂時說了一句話：在那一刻「上主之子竟然忘了對它一笑置之」（T-27.VIII.6:2）。這正是問題之所在，分裂就在上主之子忘了一笑置之那一刻發生了。整個問題就出在當我們想與上主分裂時，我們把這一念當真了。如果我們清楚看到自己企圖像上主一樣地創造，甚至想取代祂造物主的地位，看到自己竟如此荒謬，然後就一笑置之，後來的一切就不會發生了。但是我們偏偏捏造出一些問題，而且認定它們很嚴重，然後窮畢生之力解決那些不

存在的問題。這就像童話故事《綠野仙蹤》裡的巫師，他其實只是躲在巨型放大鏡後面的一個小矮人而已。小我就是如此，《課程》曾把小我形容為一隻膽怯的老鼠，裝成咆哮的雄獅，對著宇宙狂吼（T-21.VII.3:11；T-22.V.4:3）。如果我們學會不把小我想得太嚴重，日子一定會好過多了。不過，同時要注意的是，千萬別否認自己已經當真的問題，那是一種逃避，只因我們很容易自欺，以為已經把問題放下了，其實我們只是把問題掩蓋起來而已。

問：怎麼知道是不是自欺？

肯恩：如果你沒有自欺，你的心境自然會比較舒坦，比較平安。這一條原則所談的「奇蹟既是開始，也是終結，因此它能夠調整世界的時間律」，我們可以把它理解成：奇蹟將問題抽離出來之後，告訴我們說，這正是該下功夫之處，只要照著去做，時間律就會開始鬆動了。你本來以為所有的問題都是源於過去，如今你所做的，不過聲明了問題並不在於過去，而是此時此刻我正在作選擇的當下，而且現在我可以作不同的選擇。所以說，奇蹟等於是為「重生」背書；重生看起來好似退回原點，狀似回歸，其實它是向前。這就是《課程》所

說的「重生」之意（T-13.VI.3:5），異於基督教基本教義派的觀點。它說的是重新選擇，跟隨聖靈而生，而不再跟隨小我；跟隨小我會導向死亡，跟隨聖靈則將我們領回永恆的生命。

奇蹟為永恆生命背書，這種重生是指心念的改變，看似倒退，其實它在治癒過去。此時此刻我若對你發怒，是因為此時此刻的我並沒有與你同在——我始終扛著過去的包袱在看待你。〈正文〉第十七章第三節「過去的陰魂」，解釋了我們如何一直用過去的經驗看待別人，也許是我們認為別人曾經對自己或他人所做的事，也可能是根據自己心目中的需求來看待別人。奇蹟就這樣由「現在」的此時此刻化解「過去」的種種，因而釋放了「未來」。

奇蹟將我們由小我的時間觀解脫出來。小我的線性時間觀將過去的罪咎投射到未來——因為過去的罪咎，害怕未來會發生的事。比如擔心養老金不夠用，或者終日恓恓惶惶，唯恐大難臨頭。所有這些恐懼其實都源於過去的罪咎，推到究竟，是我相信自己冒犯了上主，因而自覺罪孽深重。

小我利用時間的手法是，把過去投射到未來，完

全跳過現在。〈正文〉第十五章第一節「時間的兩種用途」，清楚地說明了小我與聖靈利用時間的方式不同。聖靈告訴我們，過去是建立在罪咎上，而罪咎根本虛假不實，因此未來其實沒有什麼好怕的。祂繼續教導我們：唯一的時間是現在。《課程》後來乾脆講明：唯一存在的時間只有「當下」這一刻（W-8.1:5；W-132.3:1），聖靈才能透過我們推恩出去，於是，未來成了現在的延伸，而我們現在感受的平安、愛與一體感，經由我們推恩出去。是的，唯有現在這個「當下」，才能夠決定所有的一切。

問：這是不是說，我們必須在某種人際關係裡堅持下去？

肯恩：當然不是。那僅僅屬於形式或行為的層次，《課程》絕不會建議你在某種情況下應該如何如何作為。它只是提供「寬恕」這個工具，使你的小我無法從中作梗，你才能接受聖靈的引導，因為只有祂知道在何種情況下什麼才是對你最好的選擇。在你做任何事之前，務必記得問一問聖靈；但是在問「我該怎麼做」之前，別忘了先請祂幫你消除小我對結果的期望和投入，否則小我一定會干擾祂給你的答覆。

第 /4 條原則

> 奇蹟是在爲眞理作證。由於它出自內在的信
> 念，故具有說服力。若缺了這一信念，它
> 便淪爲怪力亂神（magic），落入失心狀態
> （mindless），因而產生破壞性，它等於反向
> 使用了心靈的創造力。

《課程》常會出現「爲眞理作證」或是「反映眞
理」這類說法，意味著眞理不會出現於世上，因爲世界
並不眞正存在。在世上，我們最多只能反映天國的眞
理。〈正文〉第十四章「神聖本體的倒影」（T-14.IX）
這一節說：我們在世上是不可能神聖的，唯有在天國
內。我們的神聖性來自基督。在世上，我們最多只能成
爲基督神聖本體的倒影。

還有一節，標題很可愛，「永恆境界的先驅」（T-
20.V）。所謂「永恆境界的先驅」，就是指神聖關係，
意思是說，原本很不神聖的特殊關係，或是原本充滿

了內疚、憤怒與怨恨的關係，如今獲得了療癒，也可以說，如今已能反映出天國或永恆的平安。神聖關係是永恆之境的先驅，還不屬於永恆之境，但寬恕已足以將雙方結合起來，反映出天國中基督的一體性。同理，療癒也反映出基督的完美性，亦即我們的本來面目。這條原則所闡述的正是這個道理——奇蹟為真理作證——奇蹟不是真理本身，卻能反映出真理。

問：《課程》說：在這個分裂的世界上，上天指定了「某一位」成為你的救主，當你準備好去看基督的聖容時，你就會認出他來。這表示救主可能是任何一人嗎？可能是任何一種關係，而未必是男女的婚姻關係？

肯恩：《奇蹟課程》似乎暗示了，我們生命中會出現某些非常重要的關係，我想，它是指那些和我們有長時間互動的人，例如父母、子女、配偶，乃至於摯友，但也可能是工作上關係緊張的某個人。它通常指〈教師指南〉所說的第三類關係——持續終生的關係（M-3.5:1）。雖然《課程》所指多屬此類關係，但並非絕對如此。

讓我們回到第十四條原則，「奇蹟具有說服力來為

真理作證」，是因為它出自我們內在的信念，亦即一般所說的信仰。也就是說，我們相信選擇聖靈之途，日子會比較好過一點。但這說來容易做來難，因為我們始終認定只有自己才知道什麼方式最有效，例如生氣、先照顧自己的利益、認為自己的解決之道更勝一籌等等。因此，唯有信任奇蹟，它才能成為真理的有力證明；唯有信任這一原則，將問題交託給聖靈，我們的處境才會日漸改善。

接下來，「若缺了這一信念，它便淪為怪力亂神，落入失心狀態，因而產生破壞性，它等於反向使用了心靈的創造力」，這一小段是說，如果我們不依靠聖靈，而一味依賴小我解決問題，必會淪為怪力亂神。何謂怪力亂神？舉凡為了解決不存在的問題所做的任何事，也就是我們想要解決身體層次的問題所做的任何事情，全部都屬於怪力亂神，無一例外可言，而這正是小我一貫的解決之道。怪力亂神在身體的層次可能「成效顯著」，比如說，頭痛欲裂時服用阿斯匹靈，通常可以緩解頭疼，但卻無法消除導致頭疼的內疚之苦。所以《課程》說，如果你相信怪力亂神，暫時運用無妨，但千萬別因此相信它真能解決問題。

奇蹟讓你看清眞正問題之所在。〈正文〉說：「奇蹟的第一步即是把緣起作用由『果』收回，交還給『因』。」（T-28.II.9:3）這句話的意思是，奇蹟教導我們，問題的起因都在心靈。小我則宣稱：所有問題的起因都在我們或別人的身體，例如：我不快樂是因爲我有毛病或你對我不好，或是政府、天氣、上主、股市起落，或者根本就是小我編造的任何原因。小我設法撤銷出自我們心內的起因，把世界當成一切問題的源頭。

總之，奇蹟的作用不外乎「問題不在別人身上，而在自己」，而所謂「怪力亂神」，就是認定問題出在世界或身體，你必須在他們身上下功夫才解決得了問題。我們愈來愈擅長解決世間的問題，醫治身體的藥物也愈來愈發達，但卻無法徹底解決問題，因爲解決了一個，小我就會製造下一個。放眼這一代，亟需解決的是癌症，而我們那一代是小兒麻痺，到了下一代又會有層出不窮的種種怪病。我們只是不斷地改變疾病的形式，從沒有碰觸問題眞正的癥結，那就是分裂的信念。

如果我們用怪力亂神來解決世間的問題，很可能會產生「破壞性的結果」（順便一提，在海倫筆錄的最初幾週內，每當海倫聽到「破壞性」一詞時，馬上被耶穌

修正為「反向使用心靈的創造力」。這例子有助於我們了解海倫與「那聲音」的對話特質）。因為世間一向藉著攻擊來解決問題，時而暗箭，時而明槍。然而怪力亂神畢竟缺乏真愛，因為它總是企圖透過「沒有愛心」的方式來解決問題，如此一來，便將愛的源頭驅逐於我們心外了。

第 *15* 條原則

> 我們應把每一天都獻給奇蹟。時間的目的原是
> 為了教你如何善用時間。因此它是一種教具，
> 只是完成目的的一種手段而已。當時間一旦無
> 助於學習時，便沒有存在的必要了。

　　這條原則所談的正是《奇蹟課程》的首要目標，用意是幫助我們終其一生每時每刻不斷用聖靈的眼光來看待事情，把生命中發生的每一件事，都視為聖靈要我們學習的課題。只要我們有心學習，任何事件都是一個學習的機會。也就是說，我們所面臨的每一件事，其實都是在提供我們一次機會，來重新選擇小我的怨尤或是聖靈的奇蹟。

　　問：有時我的小我太過強勢，以至於完全忘了轉向聖靈。如果我每天一早起來就說一句概括性的話，比如「聖靈，請祢整天與我同在」，那會怎樣？

肯恩：我很懷疑它的效果。如果你說完這句話之後，一整天都不再憶起聖靈，這樣就是怪力亂神了。根據《奇蹟課程》的說法，你應當抱持這個心態開始一天的生活，而且整天還得如此想到祂才行。否則就好像上路時啓動「自動駕駛」機制，然後便以爲這一天的大小事情通通搞定了似的。這需要多深的修持啊！如果我們眞有這種定力，根本就不需要〈練習手冊〉了。〈正文〉第三十章第一節「作決定的準則」以一種簡單的方式告訴我們如何起步。它講的和你說的完全一樣，但它緊接著叮嚀你，當你忘記時該怎麼做。我們確實可以用那句話作爲一天的開始，但是之後務必要不斷強化這個意願才行。否則，稍不留神就會掉入小我的陷阱。

問：我無法時刻記得祈求用聖靈的眼光來看事情，原因之一是，不管在意識的層面我如何下定決心，還有一部分的我仍想用自己的眼光來看事情。這個部分並非有意識的，每次我發現這個部分都會嚇一跳。對這種下意識的反應，我壓根兒束手無策。

肯恩：當你覺察到它的時候，不要內疚，只需對這個下意識反應模式保持敏銳的心。你練習得愈深，就會變得愈加敏感。外表看來，你的生活好似變得更糟或者

更不快樂，實際上只是你對自己的心態更敏感了，否則你根本覺察不到自己的心念在作祟。盡量努力覺察自己的投射，雖然這得要很深的功夫，並不容易，但不管如何，你的心必須非常儆醒。

第六章第五節「聖靈的課程」的第三個課程「只為上主及其天國而儆醒」，它真正的意思是要你警覺小我，那確實需要投入極大的心力，但也唯有那樣做，才算是「心靈的鍛鍊」——時時刻刻，念茲在茲，用另一種眼光去看事情。〈正文〉有一句話：「你寧願自己是對的，還是寧願自己幸福？」（T-29.VII.1:9）這句話足以讓每個人抓狂，因為我們都很清楚這一反問的含意。

問：跟這主題類似的，《課程》另外一節談到一系列的問題，而最後一個問題答覆了前三個問題；這個問題是……

肯恩：「我真的想要看見那因為是真相而被我否定的一切嗎？」（T-21.VII.5:14）這是平安的最後一道障礙，即「對上主的恐懼」（T-19.IV.四），小我反覆警告我們，一旦看清了「真相」，我們就毀了。我們的「真相」如此觸目驚心，慘不忍睹，又如此卑鄙可憐，我們

一旦看清了「真相」，上主必會置我們於死地。因此，
現在我們必須一片一片剝掉那灌輸我們這些想法的思想
體系，逐漸明白，事實上，我們並非十惡不赦之人，我
們是神聖的上主之子。這需要很深的修持，因為小我的
思想體系早已根深柢固地進入我們生命內了。

「不敢往內看」（T-21.IV）這一節描述了，小我
說，我們往內看，會看到什麼：一個無可救藥、罪孽深
重的人。它後來又說，如果你往內看，萬一發現根本沒
有罪這一回事，那會怎樣？這才是你真正恐懼之事，但
這屬於小我的恐懼。這就是為什麼我們始終抵制上主的
方式，而寧願用自己的方式來看待事情。如果世界真的
是我們妄造的幻相，不僅如此，世界還是為了攻擊上主
而形成的（W-PII.3.2:1），那麼世界不就成了我們背叛上主
的標誌、罪咎的象徵？如果那個罪根本不存在，那麼
整件事都成了荒誕無稽的鬧劇，這時候小我就會害怕
了。小我絕不要我們看清原來這整個罪咎世界只是一個
愚蠢的錯誤而已，這就是為什麼《課程》一再強調罪咎
不存在，而這是小我最怕聽到的。整個小我的思想體系
就是建立在罪咎的觀念上，就是這個罪咎的觀念把世界
弄假成真了，這表示罪咎否定了上主旨意的實相。

接下來，「時間的目的原是為了教你如何善用時間」，這就是我之前說的，時間的目的是為了教我們看出時間並不存在，因此它是一種教具，只是完成目的的一種工具而已，這正是《奇蹟課程》看待萬事萬物的心態。世上沒有任何一物其本身就是目的，世上也沒有任何一物本身是真實的，它們都只是一種教學工具。《課程》並不要我們否認世界或身體的存在，它只要我們用不同的眼光來看它們。生活中所發生的每件事情，不管它是擊中我們的要害，還是勾起我們的不安，都是學習功課的機會。這不限於個人事件，也包括整個世界的事件，像飢荒、大屠殺、十字架酷刑等。不要否認這些事件，認為它們並沒有發生在這個幻相世界裡，我們要做的只是改變自己看待這些事件的心態——從被害者與迫害者到所有的人，包括自己在內，明白我們都在呼求那個自認不配得到的愛。

整個世界就是一間大教室：每個個別人生就像大學裡所開的個別課程。那麼，我們這條人生之路成了我們必修的課程，我們個別的經驗則是為了化解某種「咎」的特定功課所修的特定課程。這就是世界存在的目的，也是時間的目的。

　　最後一句，「當時間一旦無助於學習時，便沒有存在的必要了」，是說時間一旦完成了它的目的，最後一個分裂的上主兒女重拾他的正念之心，這就是《課程》所說的「基督再度來臨」，也就是聖子從噩夢醒來之日。緊接著的最後審判，便是釐清真假虛實的真相大白之日（T-2.VIII；W-PII.10）。這時，就如〈詞彙解析〉所說，世界便消失了，回到它的虛無源頭那裡（C-4.4:5）。

第 *16* 條原則

奇蹟是為你示範「施與受一樣有福」的教學工具。它不只增強了施者的能力，也為受者帶來了力量。

這一條原則與第九條原則觀念相同。此後，你還會陸續看到很多觀念類似的奇蹟原則。奇蹟和時間一樣，也是一種教具，它幫助我們明白，原來我們不是分裂的個體生命。

奇蹟教我們「施與受在真理內是同一回事」（這也是第一百零八課的標題）。如前所言，我們都是同一個生命，無論你扮演的角色是教師或學生，治療師或患者，療癒者或被療癒者，全都無二無別。請記住，奇蹟只修正一個錯誤，就是「我們是不同的個體」那個信念，所以它才會一再強調「施與受一樣有福」，我們原是一體不分的生命，這條原則的重點即在於此。

第 *17* 條原則

奇蹟超越身體的層次。它能瞬間轉入無形無相
之境，遠離身體的層次。為此，它才有療癒的
力量。

「奇蹟超越身體的層次」，這句話在教我們看出，
身體並不是奇蹟要下手之處，因為身體並非問題所在之
處，因此，我們一旦改變心念，便可以超越身體的運作
法則。比如說，有些嚴重的癌症患者回診時，醫生會滿
臉狐疑地說：「奇怪，癌細胞怎麼全都不見了？」這類
心念超越身體的例子實在不勝枚舉。

〈練習手冊〉第七十六課說「我只受上主天律的管
轄」，文中提到一些世間視為天經地義的自然律，如營
養、免疫、交友、經濟與宗教法則等等，全都不具任何
意義；它進一步強調，只要轉向奇蹟（正念），就可以
超越這些法則，完全不受限制，因為這些身體運作法則
都是心靈的產物。準此而言，你若真想操練《奇蹟課

程》，就必須明白，上主並沒有創造這個世界。世間一切法則，如重力、死亡、疾病或營養法則等，都是「人為」的，屬於小我的思想體系。小我打造出這些法則，我們為了表示對小我的效忠，又將自己的力量賦予這些法則。因此，只要決心不再效忠小我，轉而尊聖靈為師，我們自然可以超越這些法則。

據說，著名的印度教上師賽巴巴（Sai Baba）擁有超越物質世界法則的能力，他可以無中生有，只要信手一揮，手裡就會出現鑽戒或任何他想變出來的東西。我舉這個例子，並不是說你必須先相信他真有這種神奇能力，才能相信奇蹟原則的真實性。事實上，上師想要顯示的是，只要你「用對了心靈的力量」，世事便無所不能。比如〈正文〉二十一章裡，耶穌曾說：「*信仰確有移山倒海之力。*」（T-21.III.3:1）這句話一點也不誇張。既然山河大地都是我們營造出來的，我們若想重新擺佈一下，有何不可？如果一切都是心靈的產物，事後再改一改，又有什麼好大驚小怪的？這算什麼「神通」？我們能造出癌症，為何不能改變心念來讓它消失？

療癒癌症的不是聖靈，祂只是提醒我們可以作出另一種選擇，喚醒心靈的力量去改變自己。外表看來好似

怪力亂神，但賽巴巴的目的，顯然是針對那些自我封閉
心靈力量的人，展示心靈的大能。這種用心，使得靈性
能力與所謂的通靈不可同日而語。

　　再舉一個例子，拉姆・達斯〔譯註一〕曾提到他印度
上師的事蹟。拉姆原名理查・艾伯特，是哈佛大學的心
理學家，曾與同事提摩西・列瑞〔譯註二〕合作進行迷幻
藥的研究與實驗。後來艾伯特離開哈佛，前往印度追尋
上師，終於在某個靜修院找到印度教上師尼姆卡歐利。
某日，上師突然要艾伯特把公事包拿出來，當時，因為
公事包裡頭裝滿了迷幻藥（上師應該不知道世間有迷幻
藥這類東西），艾伯特很想把那些藥藏起來，但禁不住

〔譯註一〕拉姆・達斯（Ram Dass, 原名Richard Alpert, 1931～）　美國靈
　　　　性導師。與哈佛大學同事提摩西・列瑞同為迷幻藥實驗先驅，
　　　　他們服用LSD，並展開迷幻藥對人類相關影響的研究（如創造
　　　　力、宗教體驗等……），進而成為嬉皮年代的精神領袖。被逐
　　　　出校園後，展開印度之旅，成為印度教上師尼姆卡歐利之弟
　　　　子。著有暢銷書《活在當下》（*Be Here Now*）、《歲月的禮
　　　　物》（*Still Here*）等。
〔譯註二〕提摩西・法蘭西斯・列瑞博士（Dr. Timothy Francis Leary
　　　　1920～1996）　美國作家、心理學家與未來學家，提倡迷幻
　　　　藥研究之先驅。在第一批送入太空的骨灰中，他的骨灰身列
　　　　其中。身為1960年代反文化的偶像，列瑞因鼓吹迷幻藥LSD在
　　　　治療、靈性與情緒上的效益而聲名遠播。他喊出的嬉皮運動
　　　　著名的口號「解放（情緒），關注（社會），退出（學校等
　　　　傳統機構）」（Turn on, tune in, drop out.）也風靡一時。

上師一再的催促，只好交出來。只見上師眼也不眨，順手抓起一大把「白色的玩意兒」（艾伯特的用語），一口就吞了下去。致命份量的迷幻藥對上師竟然不起任何作用！這個故事充分說明了，表面看似通靈或是怪力亂神的現象，其真正目的卻是為了顯示物質本身並沒有力量。這件事對艾伯特的影響極為深遠，返美後，潛心於靈性的追求。

上面這些例子印證了第一條原則「奇蹟沒有難易之分」。不少人能夠訓練心靈，用念力來移動桌上的杯子，你當然也可以。只要心靈夠專注且受過訓練，這是不難做到的。更進一步說，既然可以移動杯子，移山倒海又有何困難？古埃及人能夠移動巨石來建造金字塔，也許就是擁有控制心念的本領。否認這種可能性，就等於聲明奇蹟有難易之分。

話說回來，這種控制能力並不能為你帶來平安，也無法拉近你與上主的距離，它只能幫你回過頭來審察心靈的力量。當初我們就是這樣誤用了心靈的力量，才導致自己落入眼前的困境。為了避免重蹈覆轍，我們必須將心靈交給絕不會誤用它的那一位來引導。這就是為什麼《課程》不厭其煩地再三強調，我們在世上的行事之

道，必須請教真正知道的那一位，絕不能再靠自己了。
否則，我們很可能利用心靈來駕馭別人，結果反而害人
又害己。

　　這條原則說奇蹟能「轉入無形無相之境」，它指的
是轉向心靈，而非轉向身體。奇蹟能夠療癒的原因，就
是因它將問題帶回了真正根源——心靈。〈正文〉第十
二章結尾有一段話說得很妙：「你若把原本非真之物搞
得活靈活現，它原有的真相便會在你眼前遁跡。」（T-
12.VIII.3:1）因此，我們需要聖靈的幫助，把自己的眼
光帶離有形有相之物，也就是身體，並轉向無形無相之
境，亦即心靈內的真相。

第 *18* 條原則

奇蹟是一項服務。它是你能給人的至高服務。
它是「愛鄰如己」的一種途徑。你會由此同時
認出自己與鄰人的價值。

　　這條原則試著從另一種角度重複先前的觀念：奇
蹟幫我們認出並憶起我們是一體的，也是一樣的，而
且，因著我們的價值來自於上主，所以，你我的價值完
全相等。如果我把你的價值看得比我高或比我低（也就
是說，我成了受害者或迫害者），這無異於一種攻擊，
它是對聖子奧體的攻擊，也是對聖子奧體之造物主的攻
擊。《奇蹟課程》再三教導我們：我們都是一樣的，因
此，我們注意的焦點，要從身體表面的差異（肉體上與
心理上的），轉移到這些差異之下的「一體性」。這個
一體性是指不僅我們內裡有同一的基督，我們還有共
同的需要，包括憶起所遺忘的種種，以及跳脫內疚的
心牢。在〈正文〉第十五章結尾，有一篇除夕夜前後

所寫的簡短禱詞：「讓我們以『同等』的心對待一切，而使這一年有所『不同』。」（T-15.XI.10:11）再次提醒我們，我們要學習將世上一切視為同一回事，因為事實上，我們只有一個問題，也只有一種解決方案。可以說，世上所有的人事物都只是為了教導我們學會這門功課而已。

「奇蹟是一項服務」，因為它把愛帶給陷於恐懼的人。每當我把愛帶給陷於恐懼的人，我就成為愛的管道，這愛最後必會導向我自己。容我再說一次，奇蹟不是針對行為的層次，儘管有時它確實會帶來有形可見的效果。奇蹟只發生在心靈的層次，富有愛心的事與我們外在的所作所為毫不相干，它是透過寬恕而與人結合的一種心態。

第 19 條原則

奇蹟能將人心結合於上主內。這有賴於你們的同心協力，因聖子奧體（Sonship）乃是上主整個造化的總合。為此，奇蹟所反映的乃是永恆之律，而非時間律。

奇蹟使心靈重新體認我們在上主內的一體性。奇蹟不是幫我們與上主一體，它只是提醒我們，我們在上主內「本來」就是一體的。請記住，小我思想體系的核心就是「我們是分裂的個體生命」這個知見。如果我相信我的身體生病了，我等於把自己的身體當真，也就是說，我把身體的目的當真了，這就是分裂。同理，我若因為你生病而焦慮不安，我也一樣是把身體當真而強化了分裂之念。

「這有賴於你們的同心協力，因聖子奧體乃是上主整個造化的總合」，這幾句話表達了同樣的觀念：「同心協力」是指你與某個人結合，而「聖子奧體」其實是

一個生命。

還有一句話是《課程》最常強調的：它不只能節省時間，而且還十分簡單（T-11.VIII.1:1;T-15.IV.6:1）。不過，這並不代表它很「容易」。它很「簡單」，因為它以同一種眼光看待一切；在它眼裡，所有的問題都是同一回事，所有的人也都一樣。在心靈的層次上，我們是一體相連的。為此，所有的問題都只有一種解決方案。

問：我們也能和已經過世的人結合嗎？

肯恩：當然，關係不屬於形體層次，很親近的人即使過世了，你們之間的關係依舊可能情深義重。

接著談「為此，奇蹟所反映的乃是永恆之律，而非時間律」，請留意，「反映」一詞又出現了。奇蹟所遵循的並非永恆之境的天律，因為永恆與時間的世界完全不相干，只有時間的世界需要奇蹟，所以奇蹟只是「反映」永恆之律，它本身並不是時間律。換言之，我們不但是同一生命，而且在當下此刻就是一體的生命。

第 *20* 條原則

奇蹟能喚醒人的覺性，看出靈性（而非身體）
才是真理的祭壇。這一體認便足以啟動奇蹟的
療癒能力。

這個觀念同樣在說明，真理和我們的神聖本質不
在身體內，而是存在我們的心靈裡。心靈一旦徹底痊
癒，就會憶起自己的真相──我們原是靈性。〈正
文〉第二十章談到「人間的關係乃是聖靈的殿堂」（T-
20.VI.5:1），意思是，聖靈不在身體內，而是在人與人
的關係裡。聖靈不可能活在身體內，因為身體根本是虛
幻的，上主豈會將聖靈置於既不存在且無問題可言之
處？身體不會生病，也不會康復；只有心靈才會生病，
也只有心靈才能得到療癒。

前面說過，當分裂看似發生時，上主創造了聖靈
（《課程》將聖靈定義為上主的答覆與他的天音），並
將聖靈置於需要他的地方（T-5.I.5,T-5.II.2）。外在的世

界不需要聖靈，因為世界並非問題之所在。只有我們的心靈才需要聖靈來化解，那兒才是真理的祭壇。聖靈的殿堂（即聖靈發生作用之處）不在身體內，而在於身體的用途，也就是當我們為某一共同目的而結合的那個關係之中。在〈正文〉第十九章第四節，耶穌曾說他就在「神聖關係」中（T-19.IV.二.5:3,8:3），但這並不表示他不存在於「不神聖的關係」中，而是說，當我們結合於不神聖的關係（即《課程》所謂的「特殊關係」，這種關係的目標是內疚，核心則是分裂），我們不可能看見代表寬恕與結合的耶穌。我們一旦選擇了聆聽充滿內疚與分裂的小我之音，就不可能聽見代表結合、寬恕與療癒的耶穌之聲，更體驗不到他的存在。在特殊關係中，耶穌不是不存在，而是被我們的小我遮蔽了。

進而言之，當耶穌說他立於神聖關係中，他的意思是，只要我們真正地寬恕，將我們建立關係的目的由小我的內疚轉為寬恕，我們必會體驗到他的存在，因為遮掩他的內疚面紗已經掀開了。〈正文〉第十一章第六節裡，耶穌又說：「請勿向人宣揚我無謂的死亡。而應教他們看出我並沒有死，我正活在你內。」（T-11.VI.7:3~4）若要證明耶穌仍然活在人間，證明他的事

蹟都是眞實的，上上之策就是依照他的生活原則去活，
也就是依循寬恕原則或者超越身體，徹底改變知見，不
再視自己爲受害者，而把自己視爲與所有人一體不分的
生命，在具體生活的各種關係活出這一精神，如此，才
能證明耶穌活在我們內。〈約翰福音〉裡有一段話：
「你們若有彼此相愛的心，眾人就因此認出你們是我
的門徒了。」（13:35）套入《課程》的說法即是：「你
們若有彼此寬恕的心，眾人便會認出你們是我的門徒
了。」

　　整個奇蹟的根本目的是幫你把焦點由身體轉回心
靈，只有心靈才是眞理的祭壇，上主所在之處。這一體
驗便足以啓動奇蹟的療癒能力。爲此，想要療癒，必
須先認清問題是在心裡，而非身體；同時，你必須明白
「誰」才能療癒心靈。總之，我們不應聚焦於外在的行
爲，行爲絕不是衡量好壞對錯、健康或生病的標準。正
如《哈姆雷特》第二幕第二景的一句話：「事情本身沒
有好壞之分，而是你的想法使然。」是的，關鍵在於我
們的想法（內容），而非外在的行爲（形式）。

第*21*條原則

奇蹟是寬恕的自然結果。奇蹟表示你領受了上
主的寬恕,因為你已將寬恕推恩(extending)
於人了。

這是《課程》首次談到寬恕。我前面說過,上主不
需要去寬恕。當《課程》說到上主的寬恕,它其實是指
上主的愛。

問:我以為「奇蹟」就是「寬恕」。

肯恩:確實是。這就是為什麼我說「奇蹟」、「寬
恕」、「療癒」或「救贖」其實都是同一回事,詞彙縱
然不同,所描述的內涵與過程則一體適用。正如慧見、
真實的世界、神聖的一刻、神聖關係、救恩、救贖、修
正、基督聖容、基督慧見、真實知見等等,這一大串看
似相異的名相,其實不過是同一過程的一體多面罷了。

《課程》給「寬恕」下的定義是「寬恕弟兄並未

真正做出的事情」（T-17.III.1:5；W-PII.1.1:1）。換句話
說，你領悟到別人並沒有對你做什麼事，而凡是你誤以
為有什麼事的，全都是你對自己之所為。奇蹟的作用就
是將我們的焦點從小我的攻擊與怨恨轉向聖靈的愛，聖
靈之愛又成為上主延伸到我們身上的愛，然後透過我們
推恩到別人身上。這就是《課程》所說的寬恕之真義，
與我先前引用耶穌的那句話相呼應：「請勿向人宣揚我
無謂的死亡。而應教他們看出我並沒有死，我正活在你
內。」他要我們按照他所示範的奇蹟原則而活。我們越
奉行耶穌的指導，越了解他的教誨，就越肖似他。同
理，《課程》教我們透過寬恕來化解內疚，這個功課我
們作得越多，就越了解《課程》的宗旨。當然，了解越
深，就越能應用在日常生活上，如此周而復始，便構成
良性的循環。

第22條原則

你若相信黑暗真的能夠隱藏任何東西,奇蹟便
很容易給人恐怖的聯想。你相信肉眼看不見的
東西就不存在。這一信念為你否定了所有的靈
性之見。

　　小我說,我們存在的核心本質是內疚(也就是圖表
中這個可惡的黑點)〔譯註〕,那才是我們的「真實面
目」。〈練習手冊〉第九十三課說:小我這樣恐嚇你,
如果你真的往內看,你會相信「人們一旦看透你的真
相,就會視如蛇蠍地疾疾走避」(W-93.1:1~2),我們自
認卑鄙無恥,罪孽深重,又自以為可以用各種小我的伎
倆來保護自己,以免看到那可怕的「真相」。這些小我
的伎倆就是佛洛伊德所說的「防衛機制」,其中最主要
的兩項是「否認」和「投射」,也就是說,我們先假設

〔譯註〕此處「圖表中這個可惡的黑點」,即是指本書「導言」所列之
　　　圖表。(見本書p.20)

自己十惡不赦，然後又拼命假裝善良無辜。為了逃避
「真相」，我們把內疚深深埋藏在潛意識之下，再伺機
投射出去，結果我們不僅看不見自己裡面的內疚，反倒
是在別人身上看得一清二楚，並拿來作為我們攻擊別人
的把柄。

　　我們以為這種防衛隱藏得住內疚，只要把它投射到
別人身上，自己就得以倖免，這樣做，無異於相信黑暗
真有隱藏的能力──這裡的「黑暗」就是指「防衛」。
防衛若能隱藏內疚，我們當然要嚴加防衛，好讓自己免
於內疚之苦。小我警告我們，一旦放棄防衛，必定無法
避免內疚，那就大事不妙了。小我還說，防衛措施足以
保護我們，因為黑暗有隱藏的能力。如此一來，恐懼就
變得更深更巨大，我們會害怕如果放棄黑暗，自己將徹
底暴露於內疚之下，那下場就慘了。其實，那些防衛措
施根本毫無隱藏的能耐，小我卻存心隱瞞這個事實──
我看不見內疚，並不表示它不存在。

　　〈正文〉第十七章有一句極為關鍵的話：「所有防
衛措施所『做』的，恰恰變成了它們所『防』的。」
（T-17.IV.7:1）這條原則很重要，我們之所以投入這麼多
精力來保持防衛系統，是因為相信防衛可以保護我們

避開自己所恐懼之物。要知道，一切防衛其實都在抵制內疚。小我絕口不提的是，我們對防衛投入越多，就越會認為自己裡面的東西可怕無比。若非有這個可怕的內疚，我何苦嚴加防衛？因此，我越把精神花在抵制我所害怕的內疚上頭，我就越加恐懼，因為防衛本身就是在警告你：「最好注意點，你裡面有個東西不堪一擊。」「所有防衛措施所『做』的，恰恰變成了它們所『防』的」，這句話就是這個意思。防衛的目的本來是要保護我們免於恐懼，結果反而強化了恐懼，但小我對此三緘其口。

〈正文〉第二十七章「害怕療癒」這一節的力道很強。它具體說明了為何小我要教我們害怕奇蹟與療癒。小我說，你若選擇奇蹟，不再對人防衛（就是將弟兄視為朋友，而非敵人），你就無處可投射你的內疚，內疚勢必陰魂不散，遲早會把你毀了。聽了這話，你怎麼可能不更加恐懼？

〈正文〉第九章第七節也提到，當你跟聖靈互通聲息之時，你的小我就會由猜忌狐疑轉為心狠手辣（T-9.VII.4:4~7）。小我的心狠手辣通常出自恐懼，也勢必會投射出去，顯現為憤怒決裂之惡狀。小我說，放下

防衛，無異於打開地獄之門。心理學家也常落入同一陷
阱，他們說，如果沒有防衛，人們就會精神分裂。其實
正好相反，放下防衛才會神智清明，而非精神分裂。我
不是說你得把別人的防衛硬生生地扒掉，事實上，整個
治療的過程應當進行得非常溫柔、非常有愛心，治療師
也應當有過人的耐心。讓我再提醒一次，不要輕易扒掉
別人的防衛。反過來說，凡是遵循聖靈引導之人，必定
會致力於放下自我防衛。時候到了，你再往內看，自然
看不到內疚，內疚終於消失不見了，你已抵達旅程的終
點。

　　回過頭說第一句，「你若相信黑暗真的能夠隱藏任
何東西，奇蹟便很容易給人恐怖的聯想」，一旦認清黑
暗沒有隱藏的能力，防衛也無法幫你躲開恐懼，你就已
經準備好要跨出下一步了。〈正文〉第一章第四節「掙
脫黑暗的勢力」對此有詳細的說明。你明白沒有什麼需
要隱藏的，因為內疚並不可怕；那只是一個無聊的信念
體系，它終究會消失。很遺憾的，多半時候這反倒成了
我們害怕選擇奇蹟的原因，我們不敢真的寬恕某個人，
不敢放下過去。面對世界提供的反面證據，我們更加不
敢挺身堅信自己不是受害者。我們不僅不想放下小我的

信念，而且還找各種理由爲此辯護，歸根究柢，眞正的
原因是我們並不想要平安，這就是《課程》所說的「內
疚的魅力」，我們寧可感覺到內疚，把它當眞，然後再
跟它纏鬥不休。

我們相信凡是肉眼看不見的東西就不存在，這種鴕
鳥心態其實就是「壓抑」或「否認」。我們以爲只要
看不見問題，問題就不存在；以爲掩蓋住內疚，它就
不存在。這就是「黑暗有隱藏能力」之意，藏來藏去，
最後連「靈性之見」都被我們否定掉了（海倫早期筆錄
用「靈性之見」，後來全部改爲「慧見」）。請記得，
《課程》所講的慧見，或靈性之見，並非用肉眼去看，
而是以聖靈的慧眼去看，指的是一種心境，與肉眼所見
毫不相干。

第 *23* 條原則

奇蹟為你調整了知見，使不同層次的知見得以
恢復原有的本末先後。這就是療癒，因為「層
次混淆」乃是一切疾病之源。

我們常常混淆心靈與身體的層次。要知道，真正的
病根是人心中的內疚，但小我卻說，生病的不是心靈，
而是身體。小我把心靈層次的問題硬拉到身體的層次，
奇蹟則把問題帶回它的根源，告訴我們：生病的不是身
體，而是心靈。

這正是奇蹟真正的能耐——把問題帶回「問題所在
之處」。它把緣起作用交還給原因（心靈）。《課程》
極力強調這一點，它說：身體一點病痛都沒有，身體什
麼都沒做，它是完全中性的。〈練習手冊〉第二百九十
四課也說「我的身體是全然中性的」，身體只是執行心
靈的命令。我們之前也說過，身體無需療癒，因為身體
從未生病；生病的是心靈，因此有待療癒的也是心靈。

心靈的病根就是分裂，亦即內疚；心靈的療癒則是寬恕，也就是結合。奇蹟就是透過將問題轉回它所在之處而帶來療癒的。

第 *24* 條原則

奇蹟足以幫你療癒病患，使死者復生，因為疾
病和死亡既然出自你之手，你必有能力消除它
們。你，就是奇蹟，你有能力創造與造物主媲
美之物。其餘的一切只是你虛擬的夢魘，並不
存在。只有光明中的創造才真正存在。

《聖經》上說，人們認出耶穌是救世主，因為他能
療癒病患，使死者復生；但《聖經》未曾提及，是我們
自己造出了疾病和死亡。也就是我先前一再談到的：世
間一切都是心靈妄造出來的。《課程》指出，這個妄造
包括宇宙萬物所有的一切，是我們造出了身體和生理法
則，而這當中又包括了疾病與死亡的法則。既然這一切
是我們造出來的，我們自然能夠改變它們。

聖靈不會去療癒身體的疾病，因為祂並沒有害身體
生病。讓身體生病的是我們心中的內疚。聖靈的任務是
幫助我們撤銷當初選擇內疚的那個決定，內疚一旦化

解，心靈自然療癒。請牢記這個分野，才不會掉入為物質世界的事物而向聖靈求助的陷阱，那等於要聖靈把世界當真，就好比要聖靈幫你找停車位一樣，這是奇蹟學員最喜歡對聖靈提出的要求。

問：用心靈的力量投射出所欲之物，未必是在呼求聖靈，也許那只是使用心靈的念力而已。

肯恩：通靈能力和靈性能力絕不相同。通靈用的是「**我們**的心靈」，靈性用的則是「**祂**的心靈」，兩者天差地別。通靈看似神奇，但人人都做得到，找停車位即為一例，但是把它歸功於聖靈就大謬不然了。聖靈不問世事，祂只在我們的心中運作，因為世界並不存在。相信聖靈會在世上運作，等於宣稱祂如我們一般瘋狂，在不是問題之處看到問題。問題不在於你需要停車位，而在於你需要停車位這個心態背後的種種顧慮。

你是在「告訴」祂，你需要停車位。正確的祈禱應當是請祂幫你解除你找停車位時的焦慮。你怎麼知道該停在哪裡？也許你該停在離你所謂「好位子」三條街以外的地方，說不定從停車地點走向目的地的途中，你會遇到幫你淨化的助緣，事後你才會恍然大悟當初為何要

停那麼遠。換言之，我若告訴祂我需要何物，我暗地裡其實是想控制祂，要祂幫我節省時間。但也許走三條街途中的某些際遇，反而幫助我們在救贖之路節省了更多的時間。

問：聽起來似乎有點矛盾。一方面你說不管是投射停車位或其他事物，只要不歸因於聖靈，都無所謂；可是現在你卻又說最好不要投射停車位或類似之物，因為反正問題在心靈內。

肯恩：沒錯，兩方面都是我說的。我的意思是，能完全不用怪力亂神最好，可惜大多數人無法徹底做到。相較之下，好好問聖靈「我該怎麼辦」，而非投射停車位這類事情，才是上上策。雖然投射停車位其實也無可厚非，但只要你想化解內疚，請教聖靈絕對能節省更多的時間。

這個信念在第三十八條原則說得更清楚：聖靈無所不知，因祂「能由整體著眼」，去看每一件事。我們通常只著眼於某件事情、某種需要，例如：我想少走一點冤枉路、想準時赴約、不想塞車、不想這樣、不想那樣，總是盯住一個小小的點，這種視野何其狹窄；聖靈

則綜觀全局,所以我們越能開放自己,就能越快學會祂的功課,獲得真正的療癒。

問:當初我開始操練《課程》時,曾向聖靈提過各式各樣的要求。如今,我明白祂唯一的任務就是教我寬恕。我甚至不再要求任何世俗之物了,我只是不斷祈求祂幫助我,不再那麼抗拒活成一個樂於寬恕且富有愛心的人。我相信這才是祂唯一的任務,祂不是來告訴我該去哪裡、該做什麼、該如何回應某人某事諸如此類的事情。不知這樣想對不對?

肯恩:這正是重點。如果你的處境讓你焦慮萬分,你該祈求聖靈幫助你不再那麼焦慮,而不是要祂按你的心意來解決問題,好讓你心安。

問:按照你對疾病的說法,既然我不知道自己怎麼會生病,那麼要怎樣做才能恢復健康?

肯恩:生病是把心裡的內疚投射到身體上,因此,也唯有寬恕能使你康復。如果你感冒了,在服藥之後,該做的是向聖靈求助,寬恕自己尚未寬恕的人。如果一時想不到任何人,就從你自己的現狀開始。

問:我們有幸聽了你的課,所以懂這個道理,但那

些不懂的人怎麼辦？他們怎麼康復？

　　肯恩：他們可以用寬恕來改變心念，或者用怪力亂神也行。毫無疑問地，怪力亂神有其效用，只不過無法徹底解除感冒或其他疾病背後的原因。大多數人都試圖在表相層次解決沒完沒了的問題。前面說過，我們解決問題的本事愈來愈老到，這表示小我製造問題的手法也愈來愈專精，結果問題永遠解決不完。只有寬恕能結束整個惡性循環。總之，幾千年來，我們都在打同樣的一場混仗。

　　問：你是說注意力要放在「因」，而不是「果」？

　　肯恩：正是，「因」永遠指向某種內疚。

　　「你，就是奇蹟，你有能力創造與造物主媲美之物」，此處的「奇蹟」顯然另有所指。我們能像造物主一樣地創造，這才是創造的真諦。我們將屬靈的自性（也就是基督）推恩出去，一如上主將祂屬靈的自性推恩出去，因而創造了我們。請記住，在這個物質世界中，沒有真正的創造可言。

　　接下來，「其餘的一切只是你虛擬的夢魘，並不存在。只有光明中的創造才真正存在」，這句話具體說明

了第一層次中的眞幻之別。如上主一般在靈性層次的創造才屬於唯一的眞相，此外無他。其餘的一切看似存在，其實不過是夢魘一場。我們就是在與上主分裂的那一刻陷入沉睡的，隨之而來的一切，包括整個時間的地毯、世界的進化，都只是一場夢魘而已。

　　順便一提，這些原則中沒有特別提到一個重點，那就是，《奇蹟課程》的目標並非從夢中醒來，而是將噩夢轉爲美夢。在美夢中，我們雖然仍活在這個充滿個別身體的幻相世界裡，只是我們已不再把內疚投射到世界，而是活在所謂「眞實知見」的世界裡，《課程》稱之爲「眞實世界」，也就是我們心內所活出無罪無咎的世界，這才是《課程》的目標。到那一刻，上主會親自踏出最後一步，將我們由夢中徹底喚醒（T-11.VIII.15:5）。整個《課程》的主旨就在於此——幫助我們，儘管還活在形體架構的世界，卻從此不再投射心內的罪咎。

第 *25* 條原則

> 奇蹟是環環相扣的寬恕當中的一環，當它圓滿
> 完成之時，便成了救贖（Atonement）。而救
> 贖能在任何一刻運作於所有的時間層次。

　　這是本課程首次談到「救贖」一詞。我必須稍加
說明，不少人研讀《課程》會把 Atonement（救贖）一
詞讀成 at-one-ment（一體境界），請注意，那是新時
代的讀法。在本課程中，這個詞彙並非「一體」之意。
《課程》的手法之一，即是使用基督教既有的語言，但
賦予新意。因此，若將「救贖」當成「一體」，有違
《課程》「舊瓶裝新酒」的立意。再說一次，請勿再將
Atonement 讀成 at-one-ment。

　　「救贖」與「修正」可說是同一回事，兩個詞彙都
是指聖靈為了化解分裂妄念而建立的救恩計畫──上主
將聖靈置於我們心中，使我們與自認為離棄已久的天父
重新結合。聖靈是我們與上主之間的連結，祂的任務即

是化解分裂，修正錯誤。換句話說，聖靈不過是救贖原則的化身，祂一直提醒我們，在實相中，我們與上主從未分裂過。總而言之，《課程》以「救贖」一詞代表將上主之子由分裂的噩夢喚醒的那整套計畫。

狹義的說，「救贖」一詞亦指個人必須完成的救贖計畫。《課程》強調，我們唯一的責任即是親自接受救贖（T-2.V.5:1）。意思是，在特殊關係與日常事件中，我們必須認清分裂與內疚的「不真實性」。對個人而言，救贖乃是每個人特定的修行之路。比方說，這張時間的地毯由千絲萬縷織成，每一條細絲都代表一個個別生命，每個人都必須化解自己那一絲縷裡頭的妄念，這就是他的救贖。直到最後一位上主之子完成自己的責任，那時，整個救贖計畫就完成了。

從我先前提到的「目的」那一層次來講，救贖在《課程》裡具有特別的意義。基督教一向宣稱，只有透過犧牲與受苦，人才能得到救贖；與此恰好相反，《課程》第三章「救贖無需犧牲」這一節有一段震撼人心的描繪：耶穌受十字架之刑，其目的並非藉由受苦、犧牲與死亡來贖罪。要知道，犧牲、受苦、死亡等等的說法原是來自於內疚的信念，真正的救贖乃是為了修正這一

錯誤的信念而設的，幫助我們認清身體不是真實的、罪
咎是虛妄的，全是一場噩夢而已。所以說，「救贖」與
「修正」本是同一回事。

　　選擇奇蹟其實就是選擇寬恕，我們作這樣的選擇愈
頻繁，就愈能將寬恕推恩於人。直到有朝一日，完成了
這個環環相扣的連鎖過程即為救贖。《課程》在他處曾
如此形容：我們一次又一次地選擇奇蹟，「一條堅固的
救贖連鎖就這樣焊接起來了」（T-1.III.9:2）。第十四章
第五節「救贖之圓」也提出同一觀念：那是一個不斷擴
大的循環圈，透過寬恕別人，我們吸引愈來愈多的人加
入這個救贖的計畫。

　　最末一句，「救贖能在任何一刻運作於所有的時間
層次」，當中，「所有的時間層次」一語反映了我先前
提到的「全像」觀念。第二十七章也提到，每個弟兄都
代表成千上萬個人（T-27.V.10:4）。我一旦寬恕你，也
同時寬恕了我此生或他生所邂逅的每一個人。所有的人
都代表我的同一個問題，所有的心靈都是相通的。比如
說，倘若我這一生有權威的課題要學，而你剛好代表某
種權威，你就代表了我人生中出現過的所有權威。也因
此，「救贖」修正並且療癒了同一個人生課題的各個面

向，即使我們未必意識到這一點。總之，「救贖」涵蓋
了個別的層次與集體的層次。

第 *26* 條原則

> 奇蹟代表你已擺脫了恐懼的束縛。救贖具有
> 「化解」（undo）之義。化解恐懼，乃是奇蹟
> 得以發揮救贖功效不可或缺的因素。

　　小我的眼裡只有恐懼。若非我們害怕別人，我們豈
會攻擊或傷害他們？選擇聖靈以取代小我，其實等於選
擇愛來取代恐懼。

　　其次，「救贖具有『化解』之義」，就是「修正」
的意思。為我們的罪惡「贖罪」，其實就是解除我們對
罪咎的信念而已。換句話說，如果我們先把罪咎當真，
然後才設法化解它，那樣做，正是神學界、心理學界最
常見的應對方式。〈正文〉十九章「罪惡與錯誤之別」
與「罪的不真實性」兩節指出，只要把罪惡僅僅視為一
種「錯誤」，自可認清罪惡的虛妄不實。正如《課程》
所言：罪惡需要懲罰，過錯只待修正。

　　然而，這不表示我們必須否認眼之所見，或假裝新聞事件乃至自己與他人的作為全部都不存在。我們只需將這些事件解釋為需要修正的錯誤，而非由自己的罪咎之念投射出來的罪咎即可。再次提醒一下，小我要求懲罰罪咎，聖靈只會修正錯誤。罪咎就如此化解了。

第 *27* 條原則

奇蹟是上主對普世的祝福，透過我而祝福了所有的弟兄。寬恕別人，是我這已被寬恕之人的榮幸。

　　這是耶穌在本課程中首度以第一人稱出現。奇蹟源自上主，它是透過耶穌而展現出來的。耶穌身為聖靈的化身，將上主之愛透過我們傳給其他的人，成為我們與上主之間的橋樑，這就是奇蹟的大用。當我們寬恕他人，我們也被寬恕了，因為我們接受了上主的愛。當然，我們接受寬恕的意願越大，就越能夠寬恕別人，這是雙向的互惠過程。請牢記，行奇蹟的是耶穌，不是我們，我們的工作只是清除自己心內的干擾，讓耶穌透過我們將他的愛推恩出去。

第28條原則

奇蹟只是幫人擺脫恐懼的途徑。啓示才能將人
領至一無所懼之地。因此,奇蹟只是工具,啓
示才是真正的目的。

原文的意思顯然不是指一般交易性的「賺取」
(earning)〔譯註〕,而是說,奇蹟是幫我們擺脫恐懼
的一種途徑。啓示和奇蹟在此有了區別。在獲得啓示的
那一刻,我們心內沒有絲毫恐懼,從而內在會產生徹底
的轉變,對上主完全敞開。然而,這只是曇花一現。如
果這種狀態持續下去,我們會由世間消失不見。為此,
啓示只是一時性的,之後我們還會回到尚未解決的小我
問題上。

問:那是否像神聖的一刻?

肯恩:那像「完全」(full)神聖的一刻。

〔譯註〕此處的earning,指的是「奇蹟只是幫人擺脫恐懼的途徑」原文
Miracles are a way of earning release from fear. 中的earning。

第 *29* 條原則

> 奇蹟透過你而頌揚了上主。因爲奇蹟榮耀了祂
> 的造化，肯定它的完美無瑕，上主爲此受到了
> 頌揚。奇蹟拒絕與身體認同，堅持它的靈性本
> 質，才能發揮它的療癒之效。

猶太－基督教認爲我們應該頌揚上主，《聖
經》很多詩篇就常常出現這個觀點。然而，上主根
本不需要我們頌揚祂，只有小我才需要別人的讚美
（T-4.VII.6:1~3）。奇蹟頌揚上主的方式只是反映出祂的
生命本質與涵容一切的愛，而不是用語言或行動來讚美
祂。

特殊的愛與眞愛的區別是，特殊的愛總是含有排他
性，將某些特定的人排除於外。上主的愛則無所不包，
且毫無例外。誠如《聖經》所說，上主沒有「最愛」。
奇蹟結合了我們心中所有的人，而這才是讚美上主聖愛
之道。「因爲奇蹟榮耀了祂的造化，肯定它的完美無

瑕，上主爲此受到了頌揚」，這句話是說，奇蹟改變我
們經常著眼於他人缺憾的眼光，不論是因爲他生病而將
他視爲一具不完美的身體，或因我們評判他有罪而將他
視爲不完美的生命。奇蹟將我們那種眼光轉變成聖靈的
眼光，超越錯誤的表相，因而看見眞相；超越小我的黑
暗，因而看見那人內在的基督之光。

下一句，「奇蹟拒絕與身體認同，堅持它的靈性本
質，才能發揮它的療癒之效」，這個觀念和第十七條原
則不謀而合。奇蹟之所以能夠療癒，是因爲它不認同身
體（只因身體並非問題所在），而認同靈性。靈性才是
一切解答之源。唯有認同我們的眞實身分，我們才可能
認清，原來世上的一切都不過是抵制這個眞相的防衛措
施罷了。

問：你能夠只認同別人的靈性，而對他們的心理或
生理狀況視而不見嗎？換句話說，你寧可否認肉眼所
見，而只去看那人的完美？

肯恩：《課程》所提出來這種看的方式有點像「複
視」（雙重影像）。我們無需否認肉眼所見，也不必否
認別人身體上的痛苦，或別人有某些需求諸如此類的。

只不過，你必須同時也了解自己所看到的是一種求助的呼籲，《課程》稱之為「聖靈的判斷」（T-12.I）。疾病與痛苦，或憤怒與攻擊，其實都是在呼求幫助，無論他做了什麼，都不過表示他在那一刻認同了小我而已。

問：碰到這種時刻，我應當做到什麼地步才行？

肯恩：你不妨對聖靈或耶穌，或任何你習慣求助的對象說：「祢要我做什麼？」倘若你為了某人的問題煩躁不安（無論那個問題屬於哪一層次），在你問祂你該做什麼之前，應先祈求祂幫你療癒你對此事的看法，這就是前面所提的「只有祈求寬恕才算是有意義的祈禱」（T-3.V.6:3）。

首先，你應祈求祂幫你從小我的眼光轉變為祂的眼光，然後才說：「祢要我做甚麼？此刻最有愛心的反應應該如何才是？」然後就試著去做。仔細覺察自己有什麼心理障礙。容我再提醒一次，某人的疾病不論是勾出你心中的憐憫、內疚、痛苦或傷害，或是某人的作風勾起你的熊熊怒火，那些感受才是你需要求助的事情。你該問：「什麼才是我最有愛心的反應？祢要我做什麼？」

　　無論你說了什麼都無妨，但切莫否認你之所見。這部《課程》從不教你「逃避現實」，它甚至明言了，我們根本否認不了自己在世上的親身經驗。《課程》勸我們打消這個念頭，緊接著它還說：「想要否認身體的人，他所行使的『否認』能力是最不值得的。」（T-2.IV.3:11）

第*30*條原則

奇蹟肯定了靈性的存在，故能重新調整知見的
層次，釐清它們的本末先後。它將靈性置於核
心地位，天人之間才有直接交流的可能。

　　這一條原則和第二十三條原則論點相同。奇蹟告訴
我們，問題不在身體，而在心靈。也就是說，問題在於
我們的內疚，而內疚是抵制愛（我們的真實身分）的一
種防衛措施。我們的存在核心並非小我，亦非內疚，而
是靈性。《課程》教我們明白，知見只是一種詮釋，而
非事實真相（T-11.VI.2:5~6；T-21.V.1:7）。我們往往只
會看到自己想要或需要看到之物，如同陷身沙漠的人會
產生聽到水聲或看到水影的幻覺。我們無法改變世界，
卻可改變我們看待世界的心態。聖靈一再重申，靈性才
是我們的真實身分，祂勸我們用這一真相，來取代被小
我弄假成真的內疚。

第*31*條原則

奇蹟應該激起人的感恩之情，而非敬畏之心。
你應爲自己的本來眞相而感謝上主。上主兒女
何其神聖，奇蹟等於向他們致敬；他們的神聖
性只可能一時隱而不現，不可能永遠失落。

如前所述，耶穌說我們不應敬畏他。相同的，我們
無需敬畏奇蹟，因爲它仍屬世間之物；然而，我們應對
奇蹟心存感激，只因它爲我們帶來療癒與平安。說到究
竟，我們所應敬畏的是奇蹟之源，亦即上主，而非奇蹟
本身。

這條原則也是救贖原則的另一種說法。小我說，因
爲我們有罪，所以早已失落了基督的神聖性，意即我們
與生俱來的神聖性。罪咎否定了天國的眞實性，也不承
認我們與上主之間的眞實關係；因著罪咎感，我們淪爲
可憐的罪人，上主也成了復仇之神。乍看起來，這些奇
幻故事幾可亂眞，其實我們只是陷入了沉睡，黑暗的面

紗遮蓋了我們的神聖性而已。正因為我們誤把夢境當真，真相反而成了夢境。儘管小我隱藏得了「我們是神聖的」這個真相，但真相是永不失落的。奇蹟不過證明了，罪惡的面紗只是抵制我們神聖性的防衛措施罷了，它骨子裡其實是向愛發出的求助之聲。

《奇蹟課程》與道德毫不相干，它不討論世上的罪惡與黑暗這類問題，也不在意善行惡行的為或不為。這並非表示它是反道德的，它只是沒有所謂的道德觀，只因道德觀必然脫離不了形式或行為的判斷。倘若硬要提出《課程》的「道德觀」，那麼，它的「道德觀」就是化解內疚。《課程》並不「反對」世上任何事物，如果非要說它有所「反對」不可的話，無妨說，它「反對」的，僅僅是我們的內疚而已。

問：生氣時會有痛快的感覺，為什麼？

肯恩：生氣當然痛快，因為就在生氣的那一刻，你以為自己終於擺脫了內疚，當然感到身心舒暢。然而，一旦你發現內疚再度浮現，那個痛快的感覺旋即消失不見，而內疚反倒加深加大了，因為你其實知道自己的攻擊並不公平。

第32條原則

我是激發所有奇蹟之人，此即「代禱」之意。
奇蹟爲你的神聖性說項，它聖化了你的知見。
它置你於自然律之上，將你提昇至天界。在天
界裡，你永遠完美無缺。

耶穌在此明確指出，他是所有奇蹟的源頭，這可是一件再好不過的事，因爲〈練習手冊〉第二十四課也說「我認不出什麼是對自己最有益的事」，更別說要「認出別人的事」了，這就是何以凡事都應向深知一切的那一位請教的原因。妄想單憑一己之力創造奇蹟，等於企圖取代耶穌的地位，而重蹈我們當初與上主決裂的覆轍。

耶穌故意採用「代禱」一詞，有其特殊含意，與世間一般「代爲禱告」大相逕庭，亦非請耶穌在上主和我們之間說項。傳統基督教的觀點是：上主對我們氣得暴跳如雷，我們得找個中間人說說好話，消弭祂的怒氣。

耶穌心目中的「代禱」是在基督的神聖性（也就是我們的真實身分）和我們認定的自我之間說項，不時提醒我們，我們是神聖且完美的，我們眼中所見的毛病，無論是自己或別人的，全是小我幻相系統的一種把戲而已。

只要選擇奇蹟，也就是選擇聆聽上主的天音，而非小我的聲音，我們的所知所見自然變得神聖起來。這「神聖的知見」（或《課程》裡較少出現的「真實知見」），與「基督慧見」其實是同義詞，直指我們心中「無咎」時所認知的一切。也就是說，我們用聖靈的眼光，看到別人與我們不再是分裂的個體。不過，這種心態仍發生在這個知見的世界，屬於世界的層次。它絕非要我們否定別人的身體，而是要我們否定「身體造成我們分裂」這類想法。總之，我們要否定的只是所有可能強化小我分裂的知見與念頭。

「它置你於自然律之上，將你提昇至天界。在天界裡，你永遠完美無缺」，這個觀念再次道出奇蹟如何超越小我的法則（即自然律）；徹底超越之後，我們就會再度體驗到自己的靈性本質。但話說回來，這並非本課程的目標，它只是幫我們毫無內疚地活在世間而已。

第*33*條原則

奇蹟向你致敬，因為你是可敬可愛的。它驅除
了你的自我幻覺，認出你內在的光明。它就如
此為你贖清（atone）了過錯，將你從靈夢中
解脫。你的心靈一旦掙脫了幻覺的枷鎖，你便
恢復了神智清明之境。

這條原則仍是換個角度說明同一觀念。奇蹟驅除了
所有分裂的幻想，這些幻想包括了我們是分裂的、我們
是身體、其他人也是身體，以及我們遭受自己或別人的
迫害等等。奇蹟幫我們認清，原來我們都是一樣的，我
們都一起上了小我這條賊船，我們也會一起離開這條
船。〈正文〉第十九章中有個重要觀念「只有一起，才
有可能」（T-19.IV.四.12:8），意思是，沒有人是獨自離
開天國的，也沒有人能單獨回到天國。

「它就如此為你贖清了過錯，將你從靈夢中解
脫」，這句話可以解讀成：奇蹟顯示出，在靈夢之外有

另一個夢足以修正幻相，它就這樣修正或化解我們的一
切過錯。最後兩句「你的心靈一旦掙脫了幻覺的枷鎖，
你便恢復了神智清明之境」，意思是說，我們的心靈便
由世間的虛妄信念解脫出來了。

第*34*條原則

奇蹟恢復了心靈本來的圓滿。它贖清了你的匱
乏感,且為你築起一道完美的防護。靈性的力
量使得外敵無隙侵入。

　　這條原則是說,奇蹟恢復了心靈對其自身圓滿的覺
知,只因上主的圓滿性或富裕性始終不曾離開。小我
想要掩蓋我們與生俱來的富裕性,奇蹟則為我們揭開
這層面紗。奇蹟贖清(修正)了這種匱乏感,為你築起
一道完美的防護。小我宣稱,我們缺少某些東西,脆弱
不堪,亟需保護;奇蹟則提醒我們,我們什麼也不缺,
因此無需任何防護。「靈性的保護」只是幫我們明白了
「靈性是百害不侵的」這個道理。上主之子不可能受到
任何傷害,這是耶穌被釘十字架所要傳遞的訊息。耶穌
告訴我們,無論世人對他釘十字架的看法如何,他其實
一點也沒有受到傷害。他的身體也許飽受凌辱,但「他
是不可能被侵犯的」。耶穌能與百害不侵的靈性認同,

因為他悟出了自己的本來面目，因此，不管他的身體在生理或心理上受到什麼摧殘，也毫無任何影響，這就是靈性的百害不侵——在這層次上，靈性是不可能受到侵犯的。它好比一道光環，只要我們與它認同，它就護守在身邊，幫我們驅逐小我千方百計投在我們身上的陰影。黑暗無法進入一室的光明，因為黑暗即是缺乏光明，這表示黑暗沒有自己的本質。唯有認同基督自性的光明，才是我們的保護。好笑的是，有些人把這個光明變得具體可見，他們極力觀想一道光環圍繞著自己，然後光芒四射，諸如此類的行徑。那樣做，其實只是把身體當真，也把危險當真了。總之，你只需認清自己的本來面目，這樣的認知和意識本身就是光明，你什麼都不必做，任何作為反而會變成一種防衛。是的，你什麼都不必做，只需憶起自己是「誰」，這個生命便足以超越所有的作為。

第*35*條原則

奇蹟是愛的具體表達，可是它們未必昭然若
揭、有目共睹。

這一條非常重要。無論是修練奇蹟或其他療癒法
門，都很容易掉入追求某種成果的陷阱。比如說，倘若
我的治療方法沒有得到預期的效果，不管是感冒沒有好
轉、傷口沒有癒合，還是腫瘤沒有消失等等，就表示我
不是個好療癒師。一旦這樣想，我們就掉進把身體當真
的同一陷阱了。

《課程》一再對我們耳提面命：切勿把過錯當真。
《課程》從不相信罪咎，但如果非要指出它有「罪惡
觀」不可，那麼，「把過錯當真」就是《課程》所認為
的罪。不論是維護或反對「過錯」，都表示我們已把過
錯當真了。只要相信自己需要在身體的層次進行療癒，
我們就是把過錯當真。即使你試圖把光環投射到自己或
別人的四周，全都無異於宣稱這個光環能抵制黑暗，能

保護此人或自己，也等於把黑暗弄假成真了。你無需對抗非真之物，你只會對抗或防衛你視之為真實的東西。《課程》所說的防衛是指對思想體系的保護，也就是修正自己的錯誤念頭。

問：聽起來蠻困難的。我的問題是，能不能魚與熊掌兩者兼得？譬如說，服用阿斯匹靈，或偶爾來一些怪力亂神之類的……？

肯恩：我並非說你不該這麼做。我的意思是，你高興做什麼就儘管做，但千萬別以為那樣做可以解決問題。《課程》多次提到「把幻相帶到真相中」，或「把黑暗帶到光明中」的重要；小我剛好相反，它把真相帶到幻相中。的確有不少人喜歡把《課程》的真相（一個非常純淨的體系），帶入他們珍愛的幻相中。這不難理解，總有某些東西我們不想放下，如果你喜歡光環，你當然捨不得放下它；或者你習慣要求停車位，你也會丟不開那些念頭。《課程》從不曾要求你放棄某些東西，耶穌也不會拿著鞭子逼你，他只是提醒你，那些東西無法給予你真正想要之物，如此而已。在操練的過程中，想要放縱一下，其實無可厚非，但你必須清楚自己在做什麼，這才是重點。

　　《課程》也沒有說我們不該生氣，它只是勸我們別替自己的憤怒找理由，那是個「錯誤」。每個人都有小我，也都會生氣，關鍵在於，當你生氣或煩躁時，不要找理由。先前在說明第二十五條原則所提的，耶穌說「救贖無需犧牲」（T-3.I），他特別指出，很多人在這兒誤入了歧途，他們必須徹底顛倒自己的思維邏輯，才可能接受「上主害自己的聖子受苦」這類妄見。換句話說，人們為了投射內疚，不惜編造一套神學理論來安自己的心。一旦你建立了某種神學觀、心理學、哲學、經濟學，或任何理論來支持小我的投射，以後的麻煩更加不可收拾。只要你高興，儘管給自己套上光環，但你若更進一步企圖把光環納入自己的思想體系，錯誤就會乘虛而入。

　　至於你提到的第一個層次，乍看之下很難做到，純然因為那個層次是不容妥協的。《課程》強調你最後會悟出「凡是虛妄的就是虛妄，凡是真實的則千古不易」（W-PII.10.1:1）。萬事萬物都是虛妄的，因此，切莫投注於世間之物。但話說回來，活在這具身體與世界，沒有一人能完全放下世間的所有投入，總有些小東西（但願只是一些小東西）讓我們割捨不下。到了第二個層

次，《課程》要我們用一種非常溫和的眼光看待這一切。但即使在這個層次，有個觀念仍然不容妥協，那就是不要把過錯當眞，不要將小我錯誤的知見合理化。小我發動攻擊是必然的，人人都會做這種事，錯只錯在你企圖用《奇蹟課程》或《聖經》爲自己的行爲自圓其說：「《奇蹟課程》是這麼說的」、「《聖經》是那麼說的」，或「是上主叫我要這麼做的」……。其實，最好的辦法就是淡淡地說：「好吧，我承認了，我的小我又發作了。」或者是：「這個光環讓我的小我『感覺超讚』！」即使你要求聖靈給個停車位，也都無妨，只別再說《課程》教你如此。因爲一旦你這麼講，你就會掉進兩千年前的同一陷阱，也就是把一個光明純淨的訊息，輕率地裹上黑暗與內疚的外衣，最後變成一個充滿仇恨的宗教，而非愛的宗教。

問：聽起來好像偶爾放縱並無大礙，不管是怪力亂神、打瞌睡或性的快感都無所謂，只要切實知道自己在做什麼就好。可是，如此放縱自己，不就等於把過錯當眞了嗎？

肯恩：就第一個層次來說，確實如此。然而，就活在身體世界（第二個層次）的經驗而言，這種放縱更可

能給我們機會，看清「這樣的放縱，其實不是我眞正想要的」。不過我們確實要特別當心，別一再欺騙自己，跟隨小我，遠離聖靈，結果害人又不利己，反而加深了內疚。《課程》只是說：你可以做任何想做的事，但不要認爲那就是天國，也無需認定那是什麼滔天大罪，這才是重點，我們實在太容易把人間每件事都看成了不得的大事。

問：可是每次只要是進行身體層次的事，就等於把過錯當眞了啊！

肯恩：當然！你不得不如此。但若企圖將它合理化，你只會每況愈下。最好的辦法還是淡淡地說：「我還有這個身體，我相信自己還有某些需要，某些東西讓我快樂，某些東西令我痛苦。只要我還是一具身體，我就會有這些反應，但這些都不具任何意義。有意義的是，我寬恕了某個同事或家人，我眞的想要療癒這段關係，其餘的細節無足輕重。」重點是，不管你做什麼，別再認爲那有什麼大不了。〈正文〉第一章的尾聲有一句話說：「生理本能只能算是一種被誤導的奇蹟本能。」（T-1.VII.1:3）這句話只是換一種說法而已，它旨在強調，倘若把身體當眞，無論是性慾、疾病、憤怒或

戰爭的本能，都是讓我們認不出自己真實面目的抵制措施。尤其是性慾，《課程》告訴我們，藉由身體與人結合，無法讓人感到平安或滿足；唯有透過心靈，我們才可能真正地結合。

換言之，我們都渴望回歸上主的家園，因為那才是問題的核心。然而，我們卻一直以為，藉由身體上的親近（無論有沒有性關係），我們就能化解分裂，結果當然是緣木求魚，只因真正的問題根本和身體毫不相干。容我再提醒一次，我們若企圖將任何與靈性無關的行為合理化或靈性化，都是誤用了身體。身體本身毫無靈性可言，關鍵在於我們究竟要身體為聖靈服務，抑或為小我所用。

問：所以，聖靈的意思是：「你這樣做不對，因為它會強化你已弄假成真的匱乏。」對嗎？換句話說，我們目前還需要這種快感，但如果接受自己有此需要而追求快感，很可能掉進一個增強匱乏的圈套。是這樣嗎？

肯恩：就具體層面來看，你的說法沒錯，關鍵在於如果某些事物成為你過度關注的焦點，例如不和某人同床共枕，就抑鬱寡歡；食物少了某味，就悶悶不樂；出

門有某款名車，人生才有意義，彷彿得到了某物就像上天堂，缺少了它就等於下地獄。其實，這些全都是警訊，這是在警告你，你已落入某種特殊關係到無法自拔的地步了。回到根本問題，重點還是不要小題大作，世間真正的大問題只有內疚，而解決之道即是寬恕，這才是關鍵。

問：《課程》有沒有談到身體的復活？

肯恩：身體若不會死亡，它要如何復活？正如身體不可能痊癒，因為它不可能生病；身體不會死而復生，只因它從未死過。《課程》確實對「復活」這議題著墨不少，但請記住，身體一無所能，有能力的是心靈。復活不過是從死亡之夢醒來而已。所謂「耶穌復活」，是指他從我們共同存在的噩夢世界甦醒過來。在世人及當初跟隨耶穌卻不明耶穌教誨的信徒眼中，他是死而復活，因為他們可以感受到他的臨在，這些人於是繪聲繪影，加油添醋，而這也正是我們最拿手的本領。耶穌確實出現在他們心中，以他們能夠接受的形式（身體的形式）顯現，他們才辨認得出。然而，他真正的復活是從噩夢，也就是從死亡、分裂、殺戮、攻擊及侵犯這類夢中醒來的。

有一點我們必須徹底明白，一旦你說身體會復活，就等於聲明身體會死亡，這表示你認為身體是真實的。死亡是對小我世界的真實性最強而有力的証明，因為死亡証明了身體曾經活過。身體若曾經活過，表示小我必定真實存在，那麼，小我所說的那一套也必定正確無疑。恰恰相反的，耶穌的教誨是身體不會死亡，身體不會復活，身體一無所能。為此，不論他的身體經歷了何事，他始終與我們同在。誠如第十五章結尾寫於聖誕節的一段話：「和平之君誕生人間，就是幫你具足愛的條件；他教你明白，即使身體毀滅了，天人的交流依舊永恆不斷，只要你不再把身體當作交流的必然媒介。」（T-15.XI.7:2）

問：你是說，他只不過採取了一種「形式」？但是，對於他顯現在門徒面前，你又要怎麼說明？

肯恩：他其實是「顯現」在人們心中。

問：他要多瑪斯去觸碰他的肋骨，這又如何解釋？

肯恩：我不確定那一段記載有多少真實性。當時諾斯替教派（Gnostics）嚴重威脅到教會，〈約翰福音〉才會有這段說法，用來反駁該教派的教義，有些部分甚

至是寫來作為與該教派鬥爭之用。無可諱言,當時諾斯
替教派對整個基督教已儼然構成嚴重威脅。有些諾斯替
教徒主張耶穌不是一具身體,這些人被稱為「幻影論
者」(docetists,意即信奉基督幻影說的人),docetists
這個字源於希臘文,意思是幻覺。針對這種論點,〈福
音〉遂用「耶穌復活且多瑪斯摸過他的肋骨」這樣的事
件,來證明耶穌有一具身體。我相當確定大部分的聖經
學者並不承認這是史實,而純粹是一種神學詮釋而已,
總之,這個說法顯然是為了對付諾斯替教派。

問:這麼說你大概也不屑「星狀投射」〔譯註〕之
說?那好似可用來解釋何以有人認為他們看到了耶穌?

肯恩:不屑一顧?不會的,那不過是另一種看法,
說穿了,終究還是小我的看法。

問:有人形容耶穌可以穿牆入壁,忽而出現忽而又
消失,聽起來好像……。

肯恩:對〈福音〉裡所有關於復活與顯現的記載,
我們一定要有懷疑的精神,當今已有不少聖經學者提出

〔譯註〕星狀投射(astral projections)　係一種「出體經驗」。

了質疑。的確如此，四個〈福音〉裡關於復活與顯現的說法，不但彼此矛盾，連具體的細節，例如誰看到了，以及何時看到的，也都互有出入。目前神學家一致同意，這些記錄乃是當時各個基督教會醞釀出來的神學，並非史實。為此，我們很難斷定耶穌究竟做了什麼，畢竟從一開始就沒有人真正知道他的事蹟。請記住，〈福音〉的記載大多是神學，而非史實，更何況信徒在流傳這些故事時，又不斷加入了他們自己想像的情節。順便一提，《課程》對這些全都不予置評。

問：聖德蕾莎修女〔譯註〕曾經在自己的掌心看到耶穌顯像。據說，她的視覺感應能力很強。

肯恩：是的，沒錯。想要操練《課程》就必須接受一個前提，就是一切都是來自心靈，外面空無一物，一切都是內心投射出來的，也就是說，你想投射什麼都可以。心理學家研究投射的實驗已經好多年了，人們在形狀無法辨識的圖像裡看到各式各樣的東西，著名的洛夏

〔譯註〕德蕾莎修女（Mother Teresa, 1910~1997） 是世界著名的天主教慈善工作者，主要替印度加爾各答的窮人服務。因其一生奉獻於解除貧困，而於1979年榮獲諾貝爾和平獎。並在2003年10月被教皇約翰・保羅二世列入了天主教宣福名單。

克墨跡測驗（Rorschach Inkblot test）就是一例。我們會看到自己想要看到之物，不過這對人們了解〈福音〉的基本訊息毫無影響，《課程》已經把那個寬恕的訊息說得不能再清楚了。

　　讓我們回到第三十五條原則，奇蹟「未必昭然若揭、有目共睹」，奇蹟必然帶來的效果之一，即是為「奇蹟志工」帶來無比的平安。當我將心靈交託給耶穌之際，我就不再看這人是在攻擊或有人被攻擊之類的行為，我因而感到平安。剩下的就是耶穌與那人之間的事，我已經完成了自己的功課。我平安的贈禮會回送給那人，就算他拒絕也無大礙，所以說，奇蹟未必是昭然若揭、有目共睹的。〈教師指南〉關於療癒的問題前後解釋了三次，觀點與這條原則一致，其中一個問題是「需要再三療癒嗎？」（M-7）這是針對某些人看似並未痊癒而發的。關鍵在於，你若相信某人並未痊癒，等於把身體當真，因為你仍想在身體的層次尋求某種結果。

　　關於療癒，〈練習手冊〉有一課可作為代表觀念，它說：「當我痊癒時，我不是獨自痊癒的。」（W-137）既然所有的心靈都是相通的，在全像圖中必然也是一體的，當我的心靈痊癒了，且將平安推恩出去，更好說

是，讓平安自然地透過我向外延伸，它自會觸及所有的
心靈，其中大都是緣慳一面之人。既然沒有所謂的線性
時間，甚至連時間本身都不存在，這一療癒自然能夠伸
向時間的一切向度（即使我們對此毫不知情）。我們唯
一的任務，就是使我們自己的心靈獲得療癒，之後就是
聖靈的事了。

第*36*條原則

奇蹟是「正確思維」的一種示範，它會調整你
的知見，與上主創造的真相相互呼應。

〈正文〉在第二章第五節提到「正見心境」一詞
（T-2.V.3:1），所指的就是聖靈而非小我的思考方式。奇
蹟無法直接傳達上主的真相，但它與真相一致，可說是
真相的倒影。上主的真相即為「我們是一體的生命」。
換言之，只要能超越所有構成小我分裂的種種障礙，例
如憤怒、傷害、欺壓之類的念頭，我們就不難體驗到一
體性。雖然真實的知見不屬於真理，但與真理實相毫
不牴觸。這和我們先前討論過的「神聖本體的倒影」或
「永恆境界的先驅」屬於同一觀念。本課程的宗旨只能
將你引領至倒影的層次，我們一旦化解了所有通往真理
的障礙，必會進入這一境界的。

第 *37* 條原則

奇蹟是我針對「錯誤思維」而給的修正之道。
它的作用有如催化劑，先分解錯誤的知見，再
正確地加以重組。它將你置身於救贖原則之
下，你的知見方得療癒。知見獲得療癒之後，
才可能轉爲聖境的眞知。

　　所謂「錯誤的知見」，即是認定一切問題出在世
界，亦即在我們的心靈之外。與此相反，奇蹟把知見加
以重組，將知見轉回問題眞正所在之處，也就是心靈
內。耶穌才是激發奇蹟之人，我們的任務僅僅是「選
擇」向他求助，請他幫我們用他的眼光去看眼前的情
景，這就是眞實知見。耶穌將我們「弄假成眞」的錯誤
知見（如疾病、衝突、戰爭）徹底扭轉過來，從而，我
們才可能將世上的一切看成同一回事，看出每個人（包
括我們自己）其實都在呼求幫助。如此一來，我們等於
選擇了「救贖原則」，而否定分裂與內疚的眞實性。

　　「眞知」是《課程》另一個常用的術語，它與天國是同義詞。眞知的反面則是「知見」，這兩個詞經常並列出現。知見具有主客二元對立的本質，即使「神聖的慧見」（例如神祕經驗）都屬於知見，因此無法持久。眞知則超越二元對立，它是屬靈的（屬於上主的）；而在世間，根本無法獲得眞知。

　　「本課程的宗旨並非傳授眞知，而是傳授平安」（T-8.I.1:1~2），這裡所說的是一種世間的平安。你若將所有的人都視同與自己結合之人，心無內疚，亦無一絲攻擊之念，這時候，你就會感受到這種平安。

第 *38* 條原則

> 聖靈乃是奇蹟的推動者。祂能同時認出上主的
> 創造以及你的幻相。由於祂能由整體著眼，不
> 受片面知見所蒙蔽，故有辨別真偽的能力。

這條原則充分說明聖靈能夠左右開弓，如〈正文〉第五章提到的，「聖靈是『三位一體的上主』唯一具有象徵作用的一部分」（T-5.I.4:1）。意思是，聖靈在這個充滿象徵的世界可以大展其才。天國無需象徵，只有世界是靠象徵而存在的。

問：如果分裂是幻相，那麼，聖靈來到世間解決問題，聖靈豈不也成了幻相？

肯恩：聖靈並非幻相，因為祂是上主創造的。不過這是個好問題。《課程》的答覆是，當分裂之境徹底得到療癒，不再需要聖靈時，祂仍然存在，因為祂是上主創造的。《課程》說，此後祂會回到天國，祝福著我們

所創造的一切（T-5.I.5:7）。

　　問：這好像說，上主創造聖靈是爲了解決一個不存在的問題。

　　肯恩：沒錯。因爲祂是上主創造的，祂就是由上主延伸出來的生命，而上主的延伸是不會消失的。但祂的「任務」屬於幻相，因爲祂所要修正的問題本質上原就是虛幻的，這意味著祂的任務必也是幻相，亦即一種「形式」而已。只不過，這個形式的內涵是祂的聖愛，我們可以體驗到的其實是這個愛。

　　問：但祂是我們的一份子……

　　肯恩：不是的，祂不是我們的一份子。我們是「三位一體的上主」當中的第二位（基督）的一部分，而聖靈是「三位一體的上主」當中的第三位，屬於另外一個層次。「聖三」原是一體的，不過《課程》確實談到了聖三不同的存在，這不僅是神學上一種細微的區別，同時也幫我們修正了一個觀念 —— 我們誤以爲聖靈的天音是我們自己的聲音，同理，我們也不能說：我們就是上主。《課程》明確表示「我們不是上主」（T-7.I.1~3）。倘若相信我們自己就是上主，或者相信上主的天音是我

們自己的聲音，都只是變相地顯示分裂的根本信念，當
初就是這個信念把我們害慘的。

問：你還舉過一個例子。你說，上主派聖靈來到我
們的夢中，祂雖不是夢境的一部分，卻能夠在夢中對我
們說話。

肯恩：這個問題的本質和「夢境結束之後會如
何？」相同，都不是活在世界的我們所能了解的。我只
能告訴你《課程》是怎麼說的，假設聖靈有兩隻腳，祂
就是一腳在實相裡（天國裡），另一腳在夢中。祂進
入我們的夢中，卻不屬於夢境的一部分。祂像是「仲
介」，一方面，祂在我們分裂的心靈內運作；另一方
面，祂持續和基督的天心保持連結。

我在前面第十一條原則說過，上主根本不知道這個
夢境，或這個幻相的世界。打個比方，就像父母看到熟
睡的孩子在拳打腳踢，顯然是在作噩夢。他們不知道孩
子夢見了什麼，因為那個夢並非父母所作。然而，他們
知道孩子非常痛苦，想要減輕其苦。上主正是如此，祂
將自己延伸到這個夢境裡頭，進入祂沉睡的孩子心中。
《課程》將此延伸的部分（亦即上主的天音）命名為

聖靈。聖靈在這夢中不斷提醒我們：「我的弟兄，重新選擇吧！你可以用不同的眼光看待你的夢境。」聖靈就這樣把那些對我們有害無益的部分（例如特殊關係）過濾掉。祂幫我們統一了所有的知見，將萬事都視爲上主要我們學習的功課，這就是「祂有辨別真僞的能力」與「祂能由整體著眼，不受片面知見所蒙蔽」這兩句話的含意。我先前也說過，聖靈能看清每一個情境的所有面向，而我們只能依自己的特定需要來看待某個情境。聖靈認出所有的事件都是一種機會，足以療癒所有與該事件有關的人。

問：聖靈一腳踩在天國，另一腳踏入我們的夢境，莫非祂同時擁有真知和知見？

肯恩：是的。

問：《課程》說，沒有所謂「在不當的時機出現於不當的地方」（We are never in the wrong place at the wrong time）這類說法。另外又說「任何事情出現於任何時候或地方，都絕不是偶然或意外的」，這樣說，又是什麼意思？

肯恩：任何時候，我們出現於任何地方，的確都有

它的原因，是因為我們永遠可以從中學習。不論是什麼事件和關係，聖靈都能藉之教導那唯一的功課——「分裂不是眞實的」。說得更深切一點，這句話充分反映出「劇本已經寫定」這個觀念。一切看似正在發生的事件，我們其實都已經歷過了，如《課程》所說，我們只是在腦海裡重溫一遍陳年往事而已（W-158.4:5）；而且我們可以選擇要在小我或在聖靈的陪伴下，再次體驗這些經歷。因此，「時機是否恰當」這類說法毫無意義，它的意義完全在於我們是以何種眼光看待這一事件。

第*39*條原則

> 奇蹟能夠消除過錯，因為一切過錯在聖靈眼中
> 都虛妄不實。這與「光明一現，黑暗自然消
> 逝」的說法異曲同工。

聖靈消除過錯、修正過錯、化解過錯，或贖清過錯，說法雖然不同，其實都是同一回事。祂明白所有的過錯都虛妄不實，也都沒有大小之分。一乘以零，和一百或一千乘以零，結果都一樣。

接著一句，「這與『光明一現，黑暗自然消逝』的說法異曲同工」。你一旦了知自己的真實身分，小我的過錯或黑暗就會銷聲匿跡，因為抓著它們不放的，原本就是你的念頭。請記住，外面的一切本就虛妄不實，是我們的念頭把世上的一切弄假成真，而它們一旦變成真的，小我自然顯得真實無比，那麼，我們對小我就無法視而不見了。就像《課程》的教導，一旦把罪咎當真，你就很難寬恕它了（T-30.VI.1~3）。只要我們還相信黑

暗真實存在，還需要療癒與光明，我們就無法宣稱「世界是虛幻的」，說穿了，世界至多只是一個學習教室而已。外在的世界不需要光明，因為外面空無一物。需要光明的，是我們相信黑暗的心靈，這個黑暗其實就是我們自己的內疚。這條原則同時也反映了光明與黑暗不可能並存的觀念——當你在黑暗的房間點亮一盞燈，黑暗立刻煙消雲散；關了那盞燈，黑暗便又捲土重來。這個比喻可以用來了解「罪」的觀念。如果把某個事件視為「罪」，該事件就會弄假成真，我們便無法將它視為「呼求幫助」。要知道，罪只會招來懲罰，愛的求助之聲則會招來愛的助援。

第 *40* 條原則

奇蹟等於肯定了每一個人都是你我的弟兄。這
也是你從萬物中認出上主無所不在的途徑。

奇蹟所要修正的過錯,即是分裂的信念。無論造成
分裂的是我們的身體,還是我們認為別人所做的某些傷
天害理的事,奇蹟所做的,只是反映出「我們是一體
的」這個事實而已。同樣地,耶穌也不斷耳提面命,說
我們與他是一體的;而「上主無所不在的本質」,就是
指我們所共享的基督之光。

問:感覺好像是一個無所不包的系統,沒有人被排
除在外。

肯恩:是的,沒有人被排除在外。如果有一個人被
排除在外,就不可能是上主兒女的奧體。

第 41 條原則

整體性為奇蹟提供了一個有形可辨的內涵。如
此它才能修正或贖清匱乏之見的錯誤。

這條說的也是同一件事。小我生存的基本原則就是
匱乏原則，它暗示著某種重大的損失，當我們將上主
排除在外，罪咎感即由此而生——就是這個有所欠缺
的念頭把小我和身體弄假成真，因此我們看別人和自己
都是匱乏的。奇蹟恰好相反，它反映出我們生命的整體
性，也就是我們的真實身分。「整體性」等於富裕，亦
即對小我匱乏原則的一種否定。請留意，「富裕」在此
指的不是物質，但很多人將它與所謂的「豐盛意識」
（Prosperity Consciousness）聯想在一起。

世人最常有的「豐盛意識」，就是認為靈性的富裕
可以轉化成物質的形式，也就是說，觀想富裕就會得到
富裕。毫無疑問，念頭有左右外在現象的能力，因為整
個物質世界當初就是這樣形成的，但這與靈性原則毫不

相干，從《課程》的觀點來看，這是一個錯誤的信念。心靈的確可以影響世界，但這句話僅僅在說明心靈的力量，那是一種心理現象，而非靈性現象；唯有交託給聖靈，心靈力量才能展現出它的靈性特質。反之，沒有聖靈的幫助和指引，我們只會被小我慫恿，在幻相世界愈陷愈深。

總之，奇蹟不會給我們任何物質上的東西，它只是化解匱乏信念所構成的防衛機制而已。奇蹟的處理方式能把心靈導回最初那種與上主合一無間的狀態，使我們擁有上主在創造中所賜予的一切，如喜樂、合一、自由、快樂等等。

再提醒一次，不要把 atonement（救贖）唸成 at-one 或 at-one-ment（合一）。合一屬於天國的存在狀態，只有在那兒，我們與上主以及我們彼此才是一體的。至於救贖，與天國境界完全是兩碼子的事，它針對的是世間的狀態。所以如果使用 at-one-ment 這個字眼，它最多也只表示救贖能幫我們恢復「我們與上主是一體的」這個意識。

第 *42* 條原則

奇蹟最大的功能在於它有能力解除你錯誤的孤
立感、匱乏感及被剝削之感。

活在這個世界，我們不但會感到跟真實的自己、跟
上主之間是隔離的，而且我們彼此之間也互相隔離。一
旦我們覺得是分裂的，很自然就會把指責投射到別人身
上，認為對方在剝削我們，「被剝削感」即由此而生。

所謂「剝削」，是認定別人剝奪了我想要、我需
要，或我所是之物，然而，事實上是我自己先拋棄了這
些東西，只因我無法接受這個事實，不能不把它投射到
他人身上。「匱乏」必會導致「剝奪」，因為內疚（就
是匱乏的信念）必然會向外投射，這是心靈的基本運作
法則。

說得更清楚一點，我自己選擇了匱乏信念，但又不
想負責，於是把這個責任投射出去，也就是那種「問題

不在於我，都是你害的」之心態。正如《課程》第二十
七章所說的：「救恩的秘訣即在於此，你所做的一切全
都是對你自己做的。」（T- 27.VIII.10:1）

第 *43* 條原則

奇蹟必然出自一種奇妙的心境，也就是與奇蹟
相應的心態。

《課程》將這種奇妙的心境稱爲「正見心境」
（T-2.V.3:1），意思是，我們先將自己的心靈由小我（妄
見之心）轉變成聖靈的思維方式（正見之心），這就
是奇蹟。我們不再投注於小我的看法（攻擊、分裂等
等），轉而選擇聖靈的眼光（寬恕與結合），將所有的
人事物都視爲學習寬恕的機會。

第44條原則

奇蹟反映出人心對基督自性的覺醒，表示他已
接受了基督的救贖。

　　奇蹟能夠重新結合已經和你分裂的人，反映出我們
在基督內是一體的觀念，也修正了「我們是分裂的」這
個錯誤的信念，「接受了基督的救贖」就是指「接受與
基督一體的生命」。這一條原則再度闡明了「奇蹟只是
基督意識的映影，而非基督意識本身」這一觀念。這與
先前我所說的，奇蹟只是真理的倒影而非真理本身，完
全異曲同工。奇蹟只存在於幻相世界，也唯有在此，它
才有用武之地。

第 45 條原則

奇蹟是永不失落的。它能夠感動許多與你緣慳
一面的人，爲遠在天涯海角之人帶來不可思議
的轉變。

這條原則與第三十五條十分類似。且讓我們回到
「全像式」的思維模式，我們在全像圖中都是一體相連
的，所有時空的向度也都一體不分。我們永遠無法想像
放下怨尤或分裂信念的意義和力量究竟有多大，然而，
正如前面提過的，「當我疼癒時，我不是獨自疼癒的」
（W-137），它的作用不只影響活著的人，也惠及過世的
人。即使我們認定自己或別人都活在某個時空向度裡，
也無法改變「時間非線性」這一顛撲不破的真理。在全
像世界裡，我們緊密結合於同一個心靈。

容我再說一次，《課程》唯一的要求就是要我們親
自接受救贖，意思是做好自己份內的事，也就是療癒自
己的心靈。至於奇蹟的推恩效果，不論是救贖或寬恕，

都不是我們該操心的，因為我們根本無從知道什麼才是
真正對我們有益的事。我們唯一的責任，即是接受自己
的救贖，也就是選擇寬恕或奇蹟。

　　問：如此說來，「代禱」有何意義？它在中間起了
什麼作用？

　　肯恩：它不是一般人所認為的意思。首先，上主不
需要別人告訴祂該做什麼；如果我們以為祂需要我們的
提醒，那就太荒唐了。其次，我們一旦為別人祈禱，等
於宣稱問題在外面，這一來，馬上就掉回小我的陷阱。
我們不必忙著為別人祈禱，而應多為自己祈禱，讓那顆
相信外面才是黑暗世界的心靈得到療癒。〈頌禱〉一文
前面幾節講得非常透徹，所謂祈禱，其實是要我們放
手，而讓聖靈工作，如此，祂才能透過我們的心靈推恩
到其他的心靈。

第*46*條原則

聖靈是最高形式的交流媒介。這是奇蹟力有未
逮的，它只能算是天人交流的一種暫時設施。
當你能夠藉著直接的啓示而回到天人相通的本
來狀態時，你就不需要奇蹟了。

這條原則反映了「聖靈成為上主與我們交流的媒
介」這個觀念。聖靈是天堂與地獄，或實相與夢境之間
的橋樑或「仲介」。這條原則道出了奇蹟與啓示之間的
區別。

「當你能夠藉著直接的啓示而回到天人相通的本來
狀態時，你就不需要奇蹟了」，意思是，有朝一日，我
們完成了此生的功課，走完我們該走的路，所有該寬恕
的人也都寬恕了，這時候，我們就不需要聖靈這座橋
樑，因為心靈已不再有裂痕，當然就不再需要與上主恢
復連線，而我們已經重新覺醒於天人合一的完美意識。
奇蹟的目標並非獲得上主，而是轉變我們的知見，使通

往上主之路能夠暢行無阻，這就是聖靈的任務。總之，
奇蹟只有在分裂的世界才有用武之地。

第 47 條原則

> 奇蹟是一種學習教材，能逐漸降低人對時間的
> 仰賴。它打破了一般的時間律，爲你建立一種
> 無例可循的時間序列。爲此，它可說是超越時
> 間性的。

容我重複一下前面提過的一個觀念，然後再將之應
用到這條原則。寄身世界，人人都需要藉著時間來了解
時間並不存在，從而跳脫時間的地毯（請參閱本書p.88
之圖表）。

比如說，我們的小我對某些人事物芥蒂很深，原本
需要累世累劫才能跳脫這張地毯，如今，只要我們選擇
寬恕那無底深淵般的內疚，奇蹟便能將我們提升到時間
世界之上，載著我們跳過那一段，然後再將我們放回時
間當中，因而打破一般的時間律，另建一種「新的時間
序列」。進一步說，倘若根據世界的「時間律」，這段
時間是一千年，當奇蹟將我們提升到時間世界之上，

載著我們前進再放下來，如此，已經省去了一千年的時段。換句話說，一個非常棘手的關係常會挑起我們極大的憤怒、傷害、怨恨、內疚或焦慮，但只要我們願意，它反而能成為化解我們內疚深淵的有力工具，因為原本深深埋藏的內疚必會透過這個關係浮上枱面。〈正文〉第一章第二節第六段具體說明了這個過程，言簡意賅地為我們做了一個總結。

　　有一次，海倫對耶穌抱怨說：「為什麼我的人生這麼坎坷？」在別人眼中，她這輩子已經夠享福了，起碼從外表看來，她確實一帆風順，然而她的內心實則苦不堪言。對此，耶穌以一座山的意象作為答覆：「你現在好似直接穿山而過，歷程確實艱辛，卻能節省大量時間。反過來說，你若爬上山頂，從另一邊下來，固然輕鬆省力，卻曠日廢時。穿山而過，宛如穿越備極艱險又百般痛苦的經歷，但你若按部就班前進，爬上山頂再迂迴而下，勢必需要多生累劫，方能達到同樣的結果。」《課程》的目的即是要為我們節省時間，讓愈來愈多的心靈盡快痊癒，救贖計畫得以加速完成，世人亦可愈快享有平安。

　　這就是為什麼很多人開始操練《課程》的時候，情

況似乎變得更糟，究其所以，絕不是上主在懲罰他們，而是聖靈認眞地答覆他們的願望。可以說，操練《課程》，等於對聖靈說：「我想學得快一點。」歌德曾說：「千萬小心注意自己提出的要求，因爲你很可能如願以償。」道理即在於此，奇蹟正是如此運作的。爲此，它是超越時間的，因爲它能化解時間。儘管奇蹟仍發生於時間的層面，卻有消除時間或瓦解時間的作用。

　　關鍵就在於了解奇蹟的作用，這點值得一再強調。即使你這一整天只學到這個觀念，也算是滿載而歸。奇蹟是聖靈的工具，聖靈用它來教我們明白「我們並非世界的受害者」。我們的問題不是別人或這個世界對我們做了什麼，而是我們對自己做了什麼，這點我們都心裡有數。我常引用這句話：「當心那讓你認爲自己受到不公待遇的誘惑。」(T-26.X.4:1)是的，唯獨我能不公平對待自己，而且，連這個錯誤我也被寬恕了，這就是整個《奇蹟課程》的精髓所在。

第 *48* 條原則

你若想掌控時間，唯一操之於你的學習教具便是奇蹟。唯有啓示能夠全然超越時間，它與時間毫不相干。

容我再說一次，只有啓示能直接將「我們與上主」結合爲一；奇蹟只是透過化解我們心內的分裂信念，將「我們彼此」結合在一起。啓示並非修正，奇蹟才是，但啓示能幫助我們憶起「這不是個眞實的世界」。啓示經驗能加深我們對眞實之境的覺知，因此，當我們掉入「把幻相視爲眞相」的陷阱，啓示經驗就如同一記振聾發瞶的醒鐘。

問：《課程》是否認爲即使我們還活在身體，也能得到啓示？

肯恩：是的，不過它說那種啓示極短，稍縱即逝，而且只是暫時的，讓人直接感覺到上主的臨在，在那一

刻，整個世界都消失了。

　　《課程》認爲那種經驗是可能的，但別忘了，那並非《課程》的目標，更不是重點，所以在第一章之後就完全不再提「啓示」的相關問題了。

第 *49* 條原則

奇蹟從不區分妄見的等級或程度。它是修正知
見的教具，它的功能絲毫不受錯誤的大小或類
別的影響。堪稱為道地的「平等心」。

　　第四十九條再次重申第一條奇蹟原則「奇蹟沒有
難易之分」，兩者闡述同一個觀念，就是奇蹟修正錯
誤。至於錯誤的表相如何，在所不問，無論看似愛的流
露或恨的表達，也無論是普世性的現象或純屬個人的經
歷，都不重要，因為所有的錯誤全都一樣。奇蹟療癒的
並不是身體，而是我們對別人的妄見，尤其是我們自以
為「別人在迫害我們」這個妄見。他們是我們的兄弟姐
妹，如果指控他們迫害我們，表示我們先指控自己迫害
了自己或別人。〈練習手冊〉第一百三十四課說，每
當我們想要定任何人的罪，應該先停下來反問自己：
「我會為這種事情而定自己的罪嗎？」（W-134.9:3）這
是《奇蹟課程》的中心主題，這一句話可說涵蓋了整個

《課程》的訊息。我們其實是自己念頭的受害者，只要我們改變想法，就不會被別人困住。明白自己既沒有迫害任何人，也不曾陷害過上主，這就化解了整個小我的思想體系。

這條原則可說是《課程》最核心的教誨。只要相信世上某物比另一物更好或更糟，我們就掉入小我的陷阱，那與宣稱身體會復活，屬於同一個陷阱，因它已暗中把身體弄假成眞，成爲你一生的焦點。聖靈或耶穌可以透過身體傳達祂們的訊息（本課程就是這麼來的），但這並不表示身體是眞實的，它只表示身體可以成爲一個有用的工具。

〈練習手冊〉第一百八十四課提到，世界以各式各樣的名字來取代上主之名，這些名字只具象徵的意義。同一課的下半段又要求我們活在世上負起教學的任務，同時還要超越世上所有的名字，乍聽之下，確實有些強人所難。但它繼續解釋說，聖靈如何利用世上的象徵來傳達訊息，如何從眞實的光明之境不斷把新訊息帶回黑暗的世界，這就是「活在世上，卻不屬於世界」之意。由此可知，《課程》並不反對使用世間的符號象徵，它只說，那些只是象徵而已，叮囑我們不可忘卻「超越象

徵之上」的眞理實相（T-27.III）。請記住，《課程》從
未要求你從地毯的一端直接跳躍到另一端，那會把你嚇
得驚惶失措。最好還是一步一步地慢慢前進。

問：〈正文〉說，每個人都可能有靈魂出竅的經
驗，你認爲這是指「出體經驗」嗎？

肯恩：不，我認爲不是。它說的是超越身體的經驗
（T-18.VI.11），可能包括出體經驗，但它強調的是超越
身體層次的「一體經驗之結合」，也許那經驗是出自一
幅美麗的畫、一段美妙的音樂，或與某人極其短暫的結
合，甚至認同某一觀念的刹那，那種結合的經驗超越了
身體的層次。當然，也可能包括所謂的出體經驗，但我
想這段話的含意絕不限於此。

第 *50* 條原則

奇蹟將你所造的一切與上主的創造相互比對，
凡符合創造初衷的，便納爲眞實；與它牴觸
的，便斥爲虛妄。

　　此處爲我們釐清「妄造」與「創造」之別，奇蹟將
我們打造的世界與眞實的創造相互比對。第三十八條
原則也有類似的說法，我們在這世上也可能做出符合
創造初衷的事情，比如與人結合，雖然不是創造，但仍
符合創造的初衷，只因它延續了「一體」與「結合」的
原則。從聖靈的觀點來看，我們做的任何事，只要有助
於彼此結合，就都是眞實的，但它不屬於天國的眞理實
相，只是反映出天國眞相的一個倒影而已，所以也可說
它是眞實的。它一旦違背了一體原則，分化我們與弟兄
的關係，那就是虛妄的。這一原則成了釐清「兩種層
次」的分界點。

　　在第一個層次，只有靈性的、上主所創造的才是眞

理，其餘一切都是虛妄不實的。在第二個層次，真理成了聖靈用來教導我們何謂真實的工具，而世間所有證明「小我為真」的教誨都屬於虛妄。因此，在第二個層次，凡是與聖靈旨意一致的，便屬於真理之境，它屬於結合的力量；凡是導致我們與人分裂的，則全屬虛妄。如果你看到某人正在攻擊另一人，若由第一個層次著眼，你所看到的整件事僅僅是一個幻相。若由第二個層次著眼，你會認為這個人是邪惡有罪的，也就是他發動攻擊的這個念頭是個幻相，因這種念頭出自妄念之心。然而，第二個層次的重點是，這個看似在攻擊的人其實是在呼求幫助，這才是真相，並非要你否認眼之所見，而是要你轉變自己的詮釋，明白所有攻擊行為只是求助的呼籲，這才是關鍵所在，這也是耶穌在十字架之所「見」。他沒有否認人們所做的事，他否認的是小我對此事的看法，他否定的是「那些人很邪惡、有罪、殘暴，而且在謀殺他」的詮釋。相反的，他看到的是他們在呼求自認不配得到的愛與救援。總而言之，這條原則所要闡述的，就是由小我的虛妄知見轉為聖靈的真實知見之過程。

問：你可以談談「神聖的一刻」嗎？

　　肯恩：「神聖的一刻」就如同《課程》裡很多術語，也有兩種用法。一種比較個人化，也就是指我們選擇以奇蹟來取代怨尤，以結合取代分裂的一刻。例如你對某人原本義憤填膺，突然之間，你願意向聖靈求助，轉變自己的看法，這就是神聖的一刻。它可定義為奇蹟出現的那一時刻。但神聖的一刻在全書不少地方講的是時間的終結，在這重大的神聖一刻，我們徹底放下了身體，重申自己的靈性本質，聯袂回歸天鄉。總之，這個名詞有兩種用法，一種比較全面性，另一種比較個人性。請記住，在種種關係之中，選擇神聖的一刻只需要一個人，不是非要兩個人不可。雙方都有此共識固然更好，但那並非療癒的必要條件。雖說**兩個**銅板才會**響**，但寬恕其實只需要一個人。只要其中一人憶起他與別人不是分裂的，兩人原本的分裂信念就會得到寬恕。

　　問：《課程》是否說，一旦我們體驗過神聖的一刻，我們仍會回到這裡，只是感覺完全不同了。這是不是我自己的解讀？

　　肯恩：它說我們一旦全然接受這個思想體系的真理，從此我們就會用不同的眼光看待世界。根據我的經驗，大多數人是不可能完完全全接受它的，我們只會在

某一刻或某一段時間接受，然而轉眼就回到老樣子。

問：但你能留在世上嗎？

肯恩：如果耶穌請你留下，我想你大概不會拒絕。即使你完成了自己的人生功課以及來此世的任務，倘若他要求你再多待一會兒，你也一定會答應的，不是嗎？

問：〈教師指南〉第二十六節特別談到「我們能夠與上主直接相通嗎」這一問題，它說有些人已經與上主直接相通，仍能在世上保持那樣的覺醒。毋庸置疑，這種人少之又少，所以它才說：這是可能的，但很罕見。

肯恩：是的，大部分的人還有很多功課有待修練。

問：可以在一世就達到這一境界嗎？

肯恩：原則上可以。既然整個世界和我們的人身經驗都是一場夢，那麼，只要我們從夢中覺醒，這個夢就會消失無蹤。這是第一個層次的觀點。然而，在第二個層次，也就是在我們自認為所活的世界裡頭，我們深恐一旦失去身體這個「藏身之處」，上主就會毀滅掉我們，這個根深柢固的恐懼如此強烈，我們因而需要一種比較婉轉或平和的覺醒過程（T-27.VII.13:4~5）。在這

個虛幻的時間世界裡，這個過程需要極為漫長的時間
（T-2.VIII.2:5）。《課程》說，如果我們能徹底寬恕一個
人，我們就寬恕了所有的人，這是同樣的道理。然而，
根據我們的經驗，我們仍然需要寬恕很多的人；即使對
同一個人，也得一而再、再而三地寬恕。我們的內疚好
似是一點一點地消除，而不是一下子去掉一大片。

　　為此，想走《課程》這一條路的人，對小我應該懷
有一種適度的尊重。不少學員誤以為只要三兩下就可以
解決小我，其實很多人是在否認小我，並沒有真正看清
它，也沒有真正改變對它的看法。為此，很多人故意忽
略教材中令人難以接受的訊息，例如特殊關係，一口咬
定《課程》講的只是愛。要知道，本課程的重點不是
愛，是內疚。我們必須先認清內疚，才有辦法放下它，
上主之愛才會在我們的意識中覺醒，我們千萬不能跳過
這個必經的過程。一般而言，有心理學背景的人比較了
解我們在小我的機制裡陷得有多深，故也比較懂得適度
尊重小我。

　　《奇蹟課程》還說，我們越逼近小我的巢穴，或是
我們開始親近聖靈時，小我就會進行報復，變得心狠
手辣。這一說法絕非危言聳聽。《課程》說了，小我

的目標就是置你於死地，你若故意忽略這些「狠話」，就會錯失了《課程》的核心教誨。尤有甚者，在穿越痛苦的「動盪」期間，你會忽視耶穌與聖靈所扮演的角色（M-4.I.7:1）——當小我把我們逼到絕境之際，我們特別需要祂們牽著我們的手，帶領我們穿越，如此，我們才可能體驗出內疚與恐懼的虛幻本質，並且知道原來我們一直都在上主之愛的懷抱裡。（T-18.IX.3:7）

問：身體、小我、把身體當作自己，我有點糊塗了，你可以多講一點嗎？

肯恩：把小我和身體劃上等號的說法，在《課程》中屢見不鮮，尤其是前面幾章。我們始終把自己視為一具身體，但請牢記在心，小我不只是身體；身體死了以後，小我仍然存在。也請記住，小我整個思想體系都是奠基於內疚之上。身體只是小我的化身，是小我分裂之念的一種呈現形式。身體只是一個學習工具，它可以強化小我的教導，也能夠助聖靈一臂之力，幫我們認清自己不是身體。我們之所以來到世上，正是為了學習某些功課。我們帶著無比沉重的包袱來到這個世界，包袱中塞滿了各種髒衣物，例如內疚、恐懼等等。身體死亡之後，那些還沒有清掉、還沒有放下或寬恕的內疚，仍會

如影隨形。這場人生遊戲的終極意義就是盡量丟掉那些髒衣物，也就是盡量放下內疚；凡是還沒有放下的，都會陰魂不散地跟著我們。

在此補充一下，《課程》並無意深入探討前世或輪迴這類問題，但也不曾否定它的存在，它只是說凡是我們沒有寬恕或沒有放下的，都會跟著我們回來。〈正文〉第十九章有一段很感人的話，它說：在此，你得作個決定，究竟要面對它，或是繼續流浪，留待日後再回頭重作選擇？(T-19.IV.四.10:8)它提醒我們，我們是有可選擇的——可以選擇現在面對這一問題，也可以決定繼續流浪，日後再回來學習同一個課題，不管這個功課會用什麼形式呈現。只要是尚未療癒的，我們就會帶在身上；身體死後，小我還在，小我不只是身體而已，我們只是選擇自己想要的時候回到這個身體的世界，處理人生全像圖中尚未處理的部分，而一切都操之於我們的選擇。

這個觀念真的令人難以置信。然而，倘若我們認為自己此刻活在1985年紐約州這個特定的時空向度，並不表示我們心靈的另一個面向就不可能活在古希臘或巴勒斯坦，或三百年前的某個地方。意思是，類似電視機，

如果我們調準好頻率，對應於某部分心靈，不管那個部分是什麼，它都會顯得活靈活現。這話聽起來匪夷所思，只因我們相信時間是直線進行的。雖然這個觀念如此不可思議，但當代的量子物理學家已經開始傳播此一思想。時間的線性只是小我的一種詭計，說服我們相信過去的內疚依然存在，又投射成對未來的恐懼，而這就成了我們心目中的「真相」。

問：我想回到「身體復活」這個話題，因為這是天主教的信條。《奇蹟課程》認為這個信條是錯的嗎？

肯恩：是的，那是錯誤的信條。天主教的另一個信條說上主創造了這個世界，而且按照祂的形象創造了我們，這些說法都屬於同一個思想體系。從基督教的觀點來看，《奇蹟課程》是錯的。這就是為什麼我認為《課程》的一個強項就是它預先聲明自己不是唯一的法門。它說「人間不可能有放諸四海皆準的神學理論」。不可能的原因是它屬於形式、象徵和語言的層次，而全世界沒有一種共用的形式、象徵和語言。然而，它又說「放諸四海皆準的經驗不只是可能，而且是必須的」（C-in.2:5）。要達到這種普世性的經驗，聖靈不得不借助於不同的神學，而那些神學理論一定會彼此矛盾。但話說

回來，如果你想找麻煩，你肯定找得到，而且肯定找得到所謂的矛盾。

問：對於「上主不在世界」的觀念，我很難接受，我深受法國神父德日進（Pierre Teilhard de Chardin）的影響，他主張物質靈性化的理論──我們是一個生命，身體與靈性不能分開。我非常欣賞這種說法，然而，現在《課程》的說法卻大不相同。

肯恩：我了解。基本上，它們屬於不同的思想體系。很多人（包括德日進）認爲身心靈是可以統合爲一個整體，這類整體的觀念並不是《課程》的取向，只因身體無法存在於心靈之外。《課程》真的是一個完全不同的概念體系。

我最近帶了一個研習，有人提到德蕾莎修女，她顯然接受了耶穌的引導，但她的生活和《課程》指引的方式完全不同。那位學員問：「我要怎麼調和這兩種方式？」我說，耶穌對不同的人因材施教，給出不同的訊息。我有幸見過德蕾莎修女幾次，她是一位很神聖的人，我確實認爲她受到耶穌的引導。只是她在天主教「犧牲」、「受苦」的傳統教義下，所活出的靈修之路

和《課程》截然不同，但這世界也需要她和她的奉獻，就像有的人需要《課程》一樣。

問：救恩計畫包含了所有的修行途徑嗎？

肯恩：是的，《奇蹟課程》只是救恩計畫的一部分，它不是救恩計畫本身。

奇蹟資訊中心
出版系列：

《奇蹟課程》
（A Course in Miracles）——新譯本

    《奇蹟課程》是二十一世紀的心靈學寶典，更是近年來各種心理工作坊或勵志學派的靈感泉源。中文版已在 1999 年由若水譯出，並由作者海倫‧舒曼博士所委託的「心靈平安基金會」出版。

    新譯本乃是根據「心靈平安基金會」2007年所出版的「全集」，也是原譯者若水在「教」「學」本課程十年之後再次出發的精心譯作。全書分為三冊：第一冊：〈正文〉；第二冊：〈學員練習手冊〉；第三冊：〈教師指南〉、〈詞彙解析〉以及〈補編〉的「心理治療」與「頌禱」二文。新譯本網羅了《奇蹟課程》所有的正式文獻，使奇蹟讀者從此再無滄海遺珠之憾。（**全書三冊長達 1385 頁**）

《奇蹟課程》
〈學員練習手冊〉新譯本隨身卡

    《奇蹟課程》第二冊〈學員練習手冊〉共三百六十五課，一日一堂課，在力求具體的操練中，轉變讀者看事情的眼光，解開鬱積的心結。

    若水由十餘年的奇蹟課程教學譯審經驗出發，全面重譯這部曠世經典。新譯版一本經典原文的精確度，語意更為清晰，文句更加流暢。精煉再三的新譯文，吟誦之，琅琅上口，饒富深意，猶如親聆J兄溫柔明晰的論述，每天化解一個心結，同享奇蹟。

    為方便現代人在忙碌生活中操練每日一課，經三修三校的重譯版，首度以隨身卡形式發行，以頂級銅西卡精印，紙版尺寸 8.5 × 12.6 公分，另有壓克力卡片座供選購。（**全套卡片共 250 張**）

奇蹟課程導讀與教學系列

    《奇蹟課程》雖是一部自修性的課程，只因它的理論架構博大精深，讀者常易斷章取義而錯失精髓，故奇蹟資訊中心陸續推出若水的導讀系列、米勒導讀，以及一階理論基礎及二階自我療癒DVD、其他演講錄音或錄影教材，幫助讀者逐漸深入這部自成一家之言的思想體系。

若水導讀系列

（一）《創造奇蹟的課程》（**全書 272 頁**）
（二）《生命的另類對話》（**全書 272 頁**）
（三）《從佛陀到耶穌》（**全書 224 頁**）

    若水在這三冊中，解說《奇蹟課程》的來龍去脈與理論架構，透過問答的形式，說明崇高的寬恕理念如何落實於生活中；最後透過《奇蹟課程》的理念，闡釋佛陀和耶穌這兩位東西方信仰系統的象徵，在實相裡並無界境之別，而只有人心的「小我分裂」與「大我一體」的天壤之隔。

米勒導讀
《奇蹟半生緣》

    一位慧心獨具卻不得志的記者，三十多歲便受盡「慢性疲勞症候群」的折磨，群醫束手無策，他在走投無路之下，不禁自問：「究竟是誰把我這一生搞得這麼慘？」

    《奇蹟課程》讓他看到，自己竟是一切問題的始作俑者。他對這一答覆百般抗拒，直到有位心理治療師對他說：「恭喜你！你若讀得下這本書，大概就不需要心理治療了！」

    《奇蹟半生緣》全書穿插作者派屈克‧米勒浮沉人生苦海的經歷，但他並不因此獨尊自身的經驗和詮釋，而以記者客觀實証的精神，遍訪散居全美各地的奇蹟講師與學員，甚至傾聽圈外人的質疑。本書可說是一部美國奇蹟團體的成長紀實。（**全書 319 頁**）

奇蹟課程有聲教學教材

    奇蹟資訊中心歷年發行《奇蹟課程》譯者若水的演講錄音或錄影光碟，將《奇蹟課

程》的抽象理念與現實生活銜接起來，幫助讀者了解《奇蹟課程》的精髓所在，是奇蹟學員不可或缺的有聲輔讀教材，由於教材內容每年不盡相同，欲知詳情，請上網查詢。

www.acimtaiwan.info 奇蹟課程中文網站
www.qikc.org 奇蹟課程中文部簡体網

肯恩實修系列

《奇蹟原則50》

許多讀者久仰《奇蹟課程》之盛名，興沖沖地讀完短短的導言後，就怔怔在一條一條有如天書的「奇蹟原則」之前。讀了後句忘前句，「奇蹟」的概念好似漂浮在字裡行間，始終無法在腦海中落腳，以至於閱讀了一兩頁之後便後繼無力，難以終篇，竟至棄書而逃。

「奇蹟原則」前後五十條，其實是整部課程的濃縮，若無明師指點，讀者通常都不得其門而入。於今多虧奇蹟泰斗肯尼斯旁徵博引，以深入淺出而又幽默的答問形式，將寬恕與奇蹟的精神落實於生活中，為初學者乃至資深學員提供了一個實修的指標。（全書209頁）

《終結對愛的抗拒》

追尋心靈成長的人，學到某個階段往往面臨一個瓶頸：儘管修習多年，一遇到某種挑戰，就不自覺地掉回原地，因而自責不已。問題到底出在哪裡？

佛洛依德在他的臨床經驗中，驚異地發現，病人的潛意識中有「拒絕療癒」的本能，肯尼斯根據《奇蹟課程》的觀點，犀利地剖析人們「拒絕療癒或轉變」的原因，又仁慈地為讀者指出穿越小我迷霧的關鍵，由停滯不前的窘境中突圍。對於追尋心靈成長和平安的人而言，本書不但有提點指授的功效，更有當頭棒喝的力道。（全書109頁）

《親子關係》

坊間論及親子問題的書籍可謂汗牛充棟，泰半繞在親子關係複雜且微妙的糾結情懷，唯獨肯尼斯・霍布尼克不受表象所惑，借用《奇蹟課程》的透視鏡，澈照出親子之間愛恨交織的真正關鍵。

本書表面上好似在答覆「如何教養子女」、「如何對待成年子女」以及「如何照顧年邁雙親」等具體問題，它其實是為每一個人點出我們在由「身為兒女」，到「照顧兒女」，繼而「照顧雙親」的艱苦過程，以及我們轉變認知時必然經歷的脫胎換骨之痛。（全書238頁）

《性・金錢・暴食症》

在紛紜萬象的世界裡，性、金錢與食物可說是人生問題的「重頭戲」，最易牽動小我的防衛機制，故也最具爭議性。作者肯恩沿用《奇蹟課程》中「形式與內涵」的層次觀念，針對性、金錢等等所引發的光怪陸離現象（形式），揭露它們背後一貫的目的（內涵）——小我企圖藉無止盡的生理需求，抹滅心靈的存在，加深孤立、匱乏、分裂等受害感，最後連吃飯、賺錢與性交都可能變成一種攻擊的武器。

肯恩與學員的趣味問答，反映出我們日常是如何受制於這些生理需求的；然而，我們也能藉聖靈之助，將現實挑戰化為人生教室，將小我怨天尤人的陰謀，轉為寬恕與結合的工具。（全書196頁）

《仁慈——療癒的力量》

這是一部針對奇蹟教師及資深奇蹟學員的實修指南。全書分上下兩篇，上篇列舉奇蹟學員常有的現象，例如以奇蹟之名攻擊他人，或以善意為由掩蓋自己批判的心態；下篇探討如何用仁慈的眼光來看待自己與他人的缺陷，教我們將自身的限制或缺陷轉為此生的「特殊任務」，在人間活出寬恕的見證，成為聖靈推恩的管道。（全書251頁）

《逃避真愛》

本書是針對道理全懂卻難以突破的資深學員而寫的，它一針見血地指出，綑綁我們修行腳步的，不是世界的黑暗，也非人間的牽絆，而是自己打造出來的一道心牆。

只因我們深怕真愛會消融了自己的特殊性，故把心靈最深的渴望隱藏到心牆之後，與之「解離」，在人間展開一場虛虛實實又自相矛盾的追尋。一邊痛恨小我的束縛，一邊又忙著為小我說項；以至於內心有一部分奮力向前，另一部分則寧可原地觀望。藉著裝傻、扭曲、辯駁，把回歸真愛的單純選擇

渲染成複雜又艱深的學問。

《逃避真愛》溫柔地解除了人心無需有的恐懼，讓我們明白心牆的「不必要」，陪伴我們無咎無懼地跨越過去。（全書156頁）

《假如二二得五》

從古至今，多少人心懷救苦救難的大志，傾注一生之力貫徹自身理想，卻往往受現實所圍而終不能及。我們這些凡夫俗子，亦不乏拼搏自救之心，然而在現實面前，還是屢屢敗陣，活得憋屈而無奈。問題究竟出在哪裡？

對此，本書剴切提出：整個世界其實一直按照 $2+2=4$ 的「鐵律」來運作，萬物循著固定的軌跡盈虧盛衰，一切可謂「命中註定」，無怪乎歷史上的種種救世之舉皆以失敗告終。然而，《奇蹟課程》識破世界的詭計，小我既然使出 $2+2=4$ 的苦肉計，它便祭出 $2+2=5$ 的救贖原則，破解小我編織的羅網，溫柔地引領我們走出世界的幻境。本書即是教導我們，如何在貌似 $2+2=4$ 的世界活出 $2+2=5$ 的生命氣象，而且更進一步，迎向天地間唯一真實的等式 $1+1=1$。（全書171頁）

《駱駝・獅子・小孩》

本書書名出自德國哲學家尼采的代表作《查拉圖斯特拉如是說》裡的「三段蛻變」──駱駝、獅子、小孩。這則寓言提綱挈領地勾勒出靈性的發展過程，尼采的幾項重要論點，包括強力意志、超人、永劫輪迴，也在肯恩博士精闢的詮釋之下，與奇蹟學員熟悉的抉擇心靈、資深上主之師、小我運作模式等觀念相映成趣。

肯恩博士為奇蹟學員引薦這位十九世紀天才的作品，企盼在大家為了化解分裂與特殊性而陷入苦戰之際，可以由這本書得到鼓舞和啟發。我們終將明白，唯有「一小步又一小步」的前進，從駱駝變成獅子，再進一步蛻變為小孩，不跳過任何一個階段，才能抵達最後的目標。（全書177頁）

肯恩《奇蹟課程釋義》系列

《奇蹟課程序言行旅》

如果說《奇蹟課程》是一首曠世交響曲，《序言》便奠定了整首樂曲的氣質與基調，不僅鋪敘出奇蹟交響樂的關鍵理念，還將讀者提昇到奇蹟形上思想的高度和意境，堪稱《正文行旅》最佳的暖身之作。

肯恩有如一流的樂評家，領著讀者，在宏觀處，領受樂章磅礡的主旋律，在微觀處，諦聽暗藏其中的千百種變奏，致其廣大，盡其精微，深入課程之堂奧，回歸心靈之家園。（全書121頁）

《正文行旅》（陸續出版中）

《奇蹟課程》在人類靈性進化史上的貢獻可謂史無前例，而《正文行旅》乃是《奇蹟課程釋義》三部曲的完結篇。肯恩由文學，詩體，音樂三重角度，依循各章節的主題，提供了「重點式」以及「全面性」的導覽，幫助學員深入奇蹟三昧，沉浸於智慧與慈悲之海。

這部行旅可說是肯恩一生教學的智慧結晶，奇蹟學員浸潤日久，必會如他所願：奇蹟，發自心靈，必將流向心靈。（第一冊335頁，第二冊314頁）

《學員練習手冊行旅》（陸續出版中）

整套《奇蹟課程釋義》的問世，可說是無心插柳。1998年起，肯恩應學生之請，為〈學員練習手冊〉做了一系列的講解，基金會將研習錄音增編彙整為逐句詮釋的〈練習手冊行旅〉。此案既定，〈正文行旅〉以及〈教師指南行旅〉應運而生，為奇蹟學員提供了最完整且精闢的修行指針，訂名為《奇蹟課程釋義》，幫助學員將〈正文〉理念架構所引伸出來的教誨，運用到現實生活中。這三部《行旅》，可說是所有踏上奇蹟旅程的學員最貼心的夥伴。

《學員練習手冊行旅》的宗旨，乃是幫助奇蹟學員了解三百六十五課的深意，以及它們在整部課程中的作用。更重要的是，幫助學員將每日一課運用於現實生活中，否則《奇蹟課程》那些震古鑠今之言可謂枉費唇舌，徒然淪為一套了無生命的學說。（第一冊346頁，第二冊292頁，第三冊234頁，第四冊337頁，第五冊289頁）

《教師指南行旅》

（共二冊，含《詞彙解析行旅》）

〈教師指南〉是《奇蹟課程》三部書的最後一部，它以「如何才是上主之師」為主軸，提綱挈領地梳理出〈正文〉的核心觀念，全書以提問的形式鋪敘而成，為其他兩部書作了最實用的補充。

肯恩在逐句解說〈教師指南〉時，環繞著兩個主題：「個別利益」對照「共同福祉」，以及「向聖靈求助」。因為若不懂得向聖靈求助，我們根本學不會「共享福祉」這門功課。當然，全書也穿插不少副題，如「形式與內涵」、「放下判斷」等等，就像貝多芬的偉大樂章那樣，不時編入數小節旋律，讓主題曲與變奏曲銜接得更加天衣無縫。肯恩說：「我希望藉由本書讓學員看出，耶穌是如何高明地把他的基本訊息串連為一個整體，一如交響樂以主旋律與變奏曲那般交叉呈現、迴旋反覆地將我們領上心靈的旅程。」（第一冊337頁，第二冊310頁）

其他出版品

《寬恕十二招》

《寬恕十二招》的作者保羅‧費里尼，有鑒於人們的想法與情緒反應模式，早已定型僵化，成了一種「癮」，不是一朝一夕可以化解得掉的。因此，他將《奇蹟課程》的寬恕理念，分解為十二步驟，一步一步地引導我們超越自卑、自責以及過去的創痛，透過自我寬恕而領受天地的大愛。這是所有準備好負起自我治癒之責的人必讀的靈修教材，也是曠世靈修經典《奇蹟課程》的輔讀書籍。（全書 110 頁）

《無條件的愛》

作者保羅‧費里尼繼《寬恕十二招》之後，另以老莊的散文筆法，細細描述我們每一個人心中都擁有的「無條件的愛」。他由大我的心境出發，以第一人稱的對話方式，直接與讀者進行心與心的交流，喚醒我們心中沉睡已久的愛，開啟那被遺忘的智慧。此書充滿了「醒人」的能量，是陪伴你走過人生挑戰的最好伙伴。（全書 215 頁）

《告別娑婆》

宇宙從哪兒來的？目的何在？我究竟是什麼？為什麼會在這裡？我要往哪裡去？我該怎麼活在這個世界裡？當你讀完本書，會有一種「千年暗室，一燈即亮」的領悟。

全書以睿智而風趣的對話談當今世局、原子彈爆炸，一直說到真愛、疾病、電視新聞、性問題與股價指數等等，讓我們對複雜詭異的人生百態，頓時生出「原來如此」的會心一笑。它說的雖全是真理，讀起來卻像讀小說一樣精彩有趣，難怪一問世便成了西方出版界的新寵。（全書 527 頁）

《一念之轉》

作者拜倫‧凱蒂曾受十餘年的憂鬱症所苦，一天早上，她突然覺悟了痛苦是如何形成又如何結束的。由此經驗中，她發明了四句問話的「轉念作業」（The Work），引導你由作繭自縛中徹底脫身，是一本足以扭轉你人生的好書。（全書 448 頁，附贈轉念作業個案 VCD）

《斷輪迴》 阿頓與白莎回來了！

繼《告別娑婆》走紅之後，葛瑞的生活形態發生重大的轉變，也面臨了更多的挑戰。葛瑞仍是口無遮攔地談八卦、論是非、臧否名流，阿頓和白莎兩位上師在笑談棒喝中，繼續指點葛瑞如何在現實挑戰下發揮真寬恕的化解（undo）功能，徹底瓦解我執，切斷輪迴之根。（全書 304 頁）

《人生畢業禮》

本書是保羅與 Raj 在 1991 年的對話記錄。對話日期雖有先後，內涵卻處處玄機，不論由哪一篇起讀，都會將你導入人類意識覺醒的洪流。

Raj 借用保羅的處境，提醒所有在人間孤軍奮鬥的人，唯有放下自己打造的防衛措施，才可能在自己的心靈內找到那位愛的導師。也唯有從這個核心出發，我們才會與所有弟兄相通，悟出我們其實是一個生命。（全書 288 頁）

《療癒之鄉》

《療癒之鄉》中文版由美國「獅子心基金會」委託台灣「奇蹟資訊中心」出版。

作者羅賓‧葛薩姜把《奇蹟課程》深

奧又慈悲的教誨化為一套具體的情緒啟蒙和心靈復健課程，協助犯罪和毒癮的獄友破除心理障礙，學習處理人與人之間的衝突，調整情緒，建立自信，切斷「憤怒→攻擊→憤怒」的惡性循環。《療癒之鄉》陪伴無數受刑人度過獄中歲月。

《療癒之鄉》也是為所有困在自己心牢裡的讀者而寫的。世間幾乎沒有一人不曾經歷童年的創傷、外境的壓迫，以及為了生存而形成種種不健康的自衛模式。獄友的心路歷程給予我們極大的啟發，鼓舞我們步上心靈療癒之路。（全書 440 頁）

《我要活下去》

這本書不只是一本鼓舞信心的療癒指南，還是一個女人把自己從鬼門關前拉回來的真實故事。

作者朱蒂‧艾倫博士（Judy Edwards Allen, Ph.D.）原本是成功的專業顧問、大學教授、大學教科書作者，四十歲那年獲知罹患乳癌的「噩耗」，反而成為她生命的轉捩點，以清晰、熱情的文筆，記錄了她奮力將原始的求生意念成功地轉化為「康復五部曲」的歷程。讀者會看到她如何軟硬兼施地與醫生打交道，如何背水一戰克服無助感，又如何透過寬恕，喚醒內心沉睡已久的愛與生命力。最後，她終於超越自己對生死的執著，在這一場疾病與療癒的拔河大賽中，獲得了靈性的凱旋。（全書 280 頁）

《時間大幻劇》

人們對於時間，存在著種種截然不同的看法，比如：時間是良藥，可以癒合一切創傷；善惡終有報，只等時候到；時間是無情的殺手，終將剝奪我們的一切……。人類早已視時間的存在為天經地義，戰戰兢兢地活在過去的懊悔、現在的焦慮和對未來的恐懼中。我們好似活在一座無形的牢籠裡，苟延殘喘，等待大限的到來。

《奇蹟課程》的泰斗肯恩博士曾說：「不了解時間，不可能讀懂《奇蹟課程》的。」他引經據典，將散落全書有關時間的解說，梳理出一個完整的思想座標，猶如點睛之龍，又如劃破文字叢林的一道靈光，讓我們一窺《奇蹟課程》的究竟堂奧（究竟義）。此書可說是肯恩留給奇蹟資深學員最

珍貴的禮物。（全書413頁）

《奇蹟課程誕生》

《奇蹟課程》的來歷究竟有何玄虛？為什麼它選擇經由海倫‧舒曼博士來到人間？它的記錄方式及成書過程，與它傳給人類的訊息有何內在關係？有幸親炙此書的我們，又該如何延續奇蹟精神的傳承？

不論你只是好奇《奇蹟課程》的精采傳奇，還是有心以「史」為鑒，窮究奇蹟的傳承精神，本書都提供了最可靠的第一手資料。作者因與茱麗、海倫與比爾等人交往密切，故受這些開山元老之託，冷靜而客觀地梳理《奇蹟課程》的記錄及成書經過，佐以三位奇蹟元老的親筆自白，融鑄成一部信實可徵的《奇蹟課程》誕生史，帶領讀者重新走過五十年前那段精采神奇的心靈歷程。（全書195頁）

《飛越死亡的夢境》

本書榮獲美國出版界著名的「活在當下書籍獎」（Living Now Book Awards），全書以嶄新的視角詮釋曠世靈修經典《奇蹟課程》的教誨，為讀者剴切指出「起死回生」的著力點。

作者特別選取在人間每個角落不時作祟的「死亡陰影」入手，揭露小我抵制永恆生命的伎倆。作者以親身的經歷為奇蹟作證，並且提供了極其實用的反省練習，解除我們潛意識中對死亡的恐懼，為百害不侵的生命本質開啟了一扇門，真愛與喜悅得以流過人間，讓奇蹟成為日常生活裡「最自然的事」。（全書524頁）

國家圖書館出版品預行編目資料

奇蹟原則50／肯尼斯·霍布尼克博士（Kenneth
Wapnick）著；王敬偉、若水合譯 -- 初版 -- 臺中市：
奇蹟資訊中心，奇蹟課程，民 101.07
　　面；　　公分
　　譯自：The fifty miracle principles of a course in
　　　　　miracles
　ISBN 978-986-88467-0-8（平裝）

　1. 靈修 2. 自我肯定
192.1　　　　　　　　　　　　　　　101011850

感謝美國F.M.T.女士贊助「肯恩實修系列」之出版

奇蹟原則50

The Fifty Miracle Principles of A Course In Miracles

作　　者：肯尼斯·霍布尼克博士（Kenneth Wapnick, Ph.D.）
譯　　者：王敬偉　若　水
責任編輯：李安生
校　　對：王敬偉　李安生　黃真真　林妍蓁
封面設計：YenHue Lee
美術編輯：浩瀚電腦排版股份有限公司
出　　版：奇蹟課程有限公司·奇蹟資訊中心
　　　　　桃園市光興里縣府路 76-1 號
聯絡電話：(04) 2536-4991
劃撥訂購：帳號 19362531　戶名　劉巧玲
網　　址：www.acimtaiwan.info
電子信箱：acimtaiwan@gmail.com

印　　刷：世和印製企業 (02) 2223-3866
經銷代理：聯合發行公司
　　　　　電話 (02) 2917-8022 # 162
　　　　　　　 (03) 212-8000 # 335

定　價：新台幣 250 元
　　　　2012 年 7 月初版
　　　　2022 年 2 月五刷

ISBN　978-986-88467-0-8